## Widmung

Ich widme dieses Buch allen Nachbarinnen und Nachbarn in der Seniorenresidenz Abendruh, die in Wirklichkeit anders heisst. Die Widmung gilt sowohl den offen netten als auch den heimlich netten Mitbewohnern. Ich widme es aber auch den in meinen Augen eher unheimlich netten Nachbarinnen und Nachbarn. Mit Namen möchte ich ausdrücklich diejenigen erwähnen, die in der Coronakrise meinem Aufruf gefolgt sind und mutig auf den Balkonen bzw. auf den Laubengängen gegen den Corona-Koller gesungen und gebetet haben:

> meine Frau Vreni Dietler
>
> Daniela Rubin und Roland Giger
>
> Verena und Walter Bieri
>
> Ruedi Rytz
>
> Marlene und Jack Good
>
> Marianne Blanc und Ernst Meyer
>
> Silvia und Martin Arn
>
> Ruth Läderach

Das sind die mutigen Dreizehn der ersten Stunde. Andere sind später dazugestossen oder haben ab und zu mitgemacht. Auch ihnen sei herzlich gedankt.

Corona heisst auf Deutsch Krone. Der Titel meines Buches *Gekrönt oder gehörnt – mit Gott und Menschen durch die Coronakrise* drückt aus, dass jede Krise in den Menschen die Krone oder die Hörner hervorbringen kann. Die eindrückliche Hilfsbereitschaft junger Menschen, welche für Seniorinnen und Senioren die Einkäufe besorgen, ist die Krone; die leeren Regale in den Einkaufszentren und die Schlachten um Klopapier sind die Hörner.

Marcel Dietler

# Gekrönt oder gehörnt

Mit Gott und Menschen durch die Coronakrise

Bibliografische Information der Deutschen Nationalbibliothek: Die Deutsche Nationalbibliothek verzeichnet diese Publikation in der Deutschen Nationalbibliografie; detaillierte bibliografische Daten sind im Internet über http://dnb.dnb.de abrufbar.

Umschlagfoto: Sabine Szabo (www.sabine-szabo.ch)

Layout und Lektorat: Urs und Kathrin Meier

Herstellung und Verlag: BoD – Books on Demand, Norderstedt

ISBN: 9783751935166

# Inhalt

So hatten wir uns das nicht vorgestellt .................................13

Die Coronakrise erreicht auch uns ...............................15

Eigentlich .................................................................15

Ein Gebet zum Schmunzeln ...................................19

Monsieur Bonnenouvelle und seine Brüder............................21

Der Corona-Seniorenkrimi aus Ramseyersberg ...................21

Von Raben und anderen seltsamen Vögeln ...........................43

Karfreitag 2020.......................................................43

Angefangen hat es mit Köbeli ...............................43

Türen ........................................................................49

Ostern ......................................................................51

Der Priester ...........................................................54

Der Wurzelbaum ...................................................55

Gespräch mit einem Baum....................................56

Angst ........................................................................57

Aus Essig Wein machen.........................................61

Ballade von dem dummen Kind ...........................67

Ein Corona-Briefwechsel .......................................73

Entzugsschmerzen...................................................79

Ds blaue Bähnli .....................................................80

Die Kuh....................................................................85

Stille Nacht, heilige Nacht und andere Marschlieder............98

Die Coronazeit ist eine apokalyptische Zeit .........................105

Das Aufgebot.................................................................105

Eveline und Adam ........................................................108

Nachwort ......................................................................119

Brautkleid der Göttin Brautkleid der Erde.........................120

Es war einmal... ............................................................123

Es war einmal eine Nase – ein Märchen
des Apostels Paulus .......................................................123

Der Weihnachtskaktus ..................................................128

Die tägliche Corona-Apokalypse.....................................133

Bund vom 16. April 2020...............................................133

Weitere Schreckensmitteilungen ....................................133

Der Mann zwischen dem Tiger und der Riesenschlange .........136

Der Brunnen ist tief.......................................................138

Exit..............................................................................141

Perle in der Muschel .....................................................142

Katharinas Heimgang ....................................................144

Adieu Doris .................................................................146

17. April ......................................................................149

Hände nicht schütteln ...................................................151

Von Schlangen und anderen Tieren..................................155

Bier und Gebet, Blumen und Missgunst...........................159

Ein lustiger Briefwechsel ...............................................161

Ein trauriger Brief – Ramseyers wey ga grase
und andere Gebete.........................................................163

Andere Gebete..............................................................167

Morgengebete...............................................................167

Ein Abendgebet ..................................................169

Tischgebete........................................................170

Unter den Schleier geblickt..................................171

Heureka..............................................................175

Jüdische Weisheit zur Beendigung des Lockdown und zur
Rückkehr in eine neue Normalität ........................177

Die neue Normalität............................................179

Gespräch mit dem Schöpfer des Universums ..........181

# So hatten wir uns das nicht vorgestellt

In China hatte es angefangen. Wir hatten die Schweizerinnen und Schweizer bedauert, welche in China arbeiteten oder studierten, und waren froh, als diese endlich ins «sichere» Europa geflogen werden konnten. Das sichere Europa – von wegen. Zuerst dachten wir, das Virus könne uns höchstens streifen, es sei so etwas wie eine normale Grippe, die in der wärmeren Jahreszeit ohnehin wieder verschwinden werde. «Wir sind gut vorbereitet», teilte uns der Gesundheitsminister mit, «waschen Sie die Hände und grüssen Sie einander nicht mit Händeschütteln.» Das war geradezu lustig. Wir stiessen einander beim Gruss mit den Ellbogen oder mit den Füssen an. Als die Blocher-Tochter Magdalena Martullo mit Gesichtsmaske im Nationalrat erschien, wurde sie im ganzen Land als Globinase verlacht. Wir lachten auch noch, als man sich beim Besuch eines Konzerts, eines Museums oder eines Gottesdienstes mit Namen eintragen musste. Aber das Lachen verging allen, als wir an keine öffentlichen Veranstaltungen mehr gehen konnten und die Geschäfte geschlossen wurden. Auch als Gottesdienstbesucher war man betroffen. Ostern mit geschlossenen Kirchen, ohne gottesdienstliche Gemeinde, das hatte es in den zweitausend Jahren der Geschichte der Christenheit noch nie gegeben.

Die Krise setzte Kräfte frei und machte viele Menschen kreativ. Junge halfen alten Menschen, die für die Einkäufe Haus und Wohnung nicht verlassen durften; auf den Balkonen wurde musiziert und gesungen, unter Anleitung geturnt, die Leute riefen einander Witze zu.

Ich bin pensionierter Pfarrer, der auch im hohen Alter die Leidenschaft für Gott und Menschen nicht verloren hat. In der Abendruh, die ganz anders heisst, rief ich zu einem allsonntäglichen Vaterunser und zu Gesang vor den Haustüren auf den Laubengängen auf. Dieser Aufruf war der Beginn des Seniorenkrimis.

Mein Buch enthält Gedanken, die mir während der Coronakrise geschenkt wurden. Ich habe sie niedergeschrieben und per Mail und per Post versandt. Sie haben grosse Verbreitung gefunden. Ich habe Meldung von einem alten blinden Priester erhalten, dem sie vorgelesen wurden. Sie sind in Klöstern und Asylzentren bekannt geworden. Leute, die ich kenne oder auch nicht kenne, haben sie anderen in die Briefkästen gesteckt. Diese Gedanken sind in dem vorliegenden Buch zu finden. Das Buch enthält aber auch Kurzgeschichten, Gedichte und Gebete der letzten drei Jahre. Nicht alles sind brave Pfarrergeschichten. Es ist einiges dabei, was in der Schweiz als Schreckmümpfeli bezeichnet wird. Ich kann das Pfarrer-Sein nicht lassen. Aus den Schreckmümpfelis haben sich Glaubensgespräche entwickelt mit Menschen, die selten oder nie über den Glauben sprechen.

# Die Coronakrise erreicht auch uns

## Eigentlich

Eigentlich hatten wir etwas anderes vor

    als zu Hause zu sitzen

Eigentlich wollten wir morgen

    zum Coiffeur

    zum Coop

    ins Seniorenturnen

    die Grosskinder besuchen

    ins Museum

    ins Yoga

    schwimmen gehen

    das GA ausnützen

    im Krafttraining die Muskeln stärken

    am Bett eines sterbenden Freundes sitzen

Eigentlich hatten wir im nächsten Monat

    eine Reise in die holländischen Tulpenfelder geplant

    die Tochter in den Vereinigten Staaten besuchen wollen

    uns auf die Hochzeit des Patenkindes gefreut

    einen Termin für eine Operation gehabt

    zugesagt für ein Klassentreffen

    meinen runden Geburtstag feiern wollen

Eigentlich habe ich seit der Konfirmation nie mehr in der Bibel gelesen. Doch in der Corona-Quarantäne hat man Zeit. Ich habe im Bücherregal herumgestöbert und die Traubibel entdeckt. Ich habe sie entstaubt, darin geblättert und folgenden Vers gefunden:

Wohlan, die ihr sagt:

Heute oder morgen

wollen wir in die und die Stadt ziehen

und Handel treiben.

Anstatt dass ihr sagtet:

Wenn der Herr will und wir leben,

wollen wir dieses oder jenes tun. (Jak. 4,13)

Eigentlich gar nicht so schlecht, diese Bibel.

Wer ist der Pfarrer, der so etwas schreibt? Klar ist jedenfalls, dass sein Ich sich nicht mit dem Ich des Menschen in diesem Gedicht deckt. Er hat die Bibel nicht entstauben müssen, er arbeitet beständig mit ihr.

Um den Autor dieses Gedichts und des ganzen Buchs besser kennen zu lernen, dürfen die Leserinnen und Leser sich zu zwanzig Punkten Gedanken machen. Sechzehn Punkte sind wahr, vier sind falsch. Wer findet die vier falschen Aussagen?

1. An seinem zwanzigsten Geburtstag wurde Marcel Dietler von Papst Pius gesegnet.
2. Er gewann an einem Wettbewerb eine lebendige Kuh.
3. Er rast selbst im hohen Alter mit einem Rennvelo durch die Gegend.
4. Er predigte im Petersdom.
5. Er arbeitete mit Passfälschern zusammen.
6. Er wurde mit der englischen Königin verwechselt.
7. Er wurde zusammen mit seiner Frau in Nigeria als fremder Söldner verhaftet.
8. Er arbeitete eng mit dem Beichtvater des Papstes zusammen.
9. Vreni und Marcel verloren einen Pflegesohn, der bei einem Flugzeugabsturz ums Leben kam.
10. Er spielt gerne Klavier.
11. Er flog in der Sowjetunion als Bibelschmuggler auf.
12. Er wurde für seine soziale Arbeit unter Strassenkindern von der peruanischen Stadt Cusco mit einer Rede des Bürgermeisters, mit dem Aufzug der Fahne und mit Kanonendonner geehrt.
13. Er wurde vom Synodalrat bei allen seinen Tätigkeiten vollumfänglich unterstützt.
14. Die Feier zur silbernen Hochzeit von Vreni und Marcel Dietler wurde von einem anglikanischen Bischof gestaltet, der für die beiden anschliessend eigenhändig das Festessen kochte.

15. Er erhielt für seine *Aktion Mut gegen die Coronakrise* durch briefliche Abstimmung von der Mehrheit seiner Nachbarn ein Briefkastenverbot für seine diesbezüglichen Einladungen.
16. Sein liebstes Hobby ist Jassen.
17. Er verwehrte auf den Kanarischen Inseln einem Touristenschiff das Auslaufen.
18. Vreni und Marcel verhinderten in Singapur einen Überfall auf ein Geschäft.
19. Er schenkte Papst Franziskus eine Konfitüre.
20. Er stoppte den Mailandexpress auf voller Fahrt.

Die Auflösung:

3, 4, 10 stimmen nicht. Ich habe kein Rennvelo, jasse nicht, spiele kein Musikinstrument und habe nie im Petersdom gepredigt. Alles andere stimmt. Sogar 6, die Verwechslung mit der englischen Königin, ist wahr. Ich war zu einem Gottesdienst mit der Queen in der Westminster Abbey eingeladen worden. Der Gottesdienst dauerte sehr lange. Ich wurde zu einer wichtigen Tätigkeit erwartet. Als die Königin nicht mehr zu sehen war, nahm ich die Gelegenheit wahr und eilte zum Ausgangsportal. Zu meiner Verblüffung war dieses verschlossen. Der Wächter öffnete jedoch bereitwillig das Portal. Ich wurde von Tausenden von Menschen mit Jubel empfangen: «Es lebe die Königin!» Der Jubel verstummte jedoch so schnell wie er gekommen war. Und in der eingetretenen Stille hörte man eine Schweizer Stimme rufen: «Das isch ja nume üse Pfarrer.»

# Ein Gebet zum Schmunzeln

Ich bin zu meinem himmlischen Vater gegangen und habe zu ihm gesagt:

> *Vater, ich habe Mordgedanken.*
>
> *Gott hat verständnisvoll genickt,*
>
> *aber gesagt:*
>
> *Kind, für das bisschen,*
>
> *das dir deine Brüder und Schwestern angetan haben,*
>
> *werde ich sie nicht töten.*
>
> *Du musst dich*
>
> *mit zwei Wochen Durchfall zufriedengeben,*
>
> *damit sie das Klopapier aufbrauchen,*
>
> *das sie gehamstert haben.*

Was bin ich für ein Mensch, dass ich ein solches Gedicht geschrieben habe? Oder ist es sogar ein Gebet? Was habe ich mit meinen Brüdern erlebt? Wer sind die Brüder und Schwestern, an die ich denke? Wer das wissen will, darf den Corona-Seniorenkrimi aus Ramseyersberg lesen.

# Monsieur Bonnenouvelle und seine Brüder

## Der Corona-Seniorenkrimi aus Ramseyersberg[1]

Wir – Gabi Leuenberger, Leon Bütikofer und Liam Kradolfer – sind drei Gymnasiasten, die eine Matura-Arbeit über das Verhalten von Seniorinnen und Senioren in der Coronakrise schreiben. Als erstes hatten wir uns vorgenommen, Monsieur Bonnenouvelle zu interviewen. Marc Bonnenouvelle ist reformierter Pfarrer im Ruhestand. Er hat erst im Alter von zweiundachtzig Jahren angefangen, Bücher zu schreiben. Seine Bücher sind im Verlag Books on Demand erschienen. Näheres über die Person und die Bücher von Marc Bonnenouvelle finden Sie auf der Website

*www.marceldietler.ch.*

Wir trafen Monsieur Bonnenouvelle am offenen Küchenfenster, in zwei Metern Distanz. Der Geschichtenerzähler hatte uns wegen der Coronakrise nicht in die Wohnung gebeten. Er stellte jedoch lachend eine Flasche Coronabier auf das Fensterbrett, sodass wir einander zuprosten konnten. Wir hatten bei Marc Bonnenouvelle vorgesprochen, weil wir gehört hatten, dass in der Alterssiedlung Abendruh in Ramseyersberg, die mit dem Spital Gihon verbunden ist, am Sonntag zur Gottesdienstzeit Nachbarn auf die Veranda treten, eine Liedstrophe singen, das Vaterunser sprechen, gemeinsam die Alterssiedlung und das Krankenhaus segnen und am Schluss mit Händeklatschen den Angestellten im Spital für ihren Einsatz danken würden.

«Eine Art Gottesdienst?», fragten wir.

---

[1] Orts- und Spitalnamen sowie Familiennamen wurden geändert. Der Name der Dreifaltigkeitskirche Bern dagegen sowie derjenige der ehemaligen Gemeinderätin Joy Matter sind echt. Ein Interviewteam ist bei Monsieuer Bonnenouvelle nie aufgetaucht. Ansonsten hat sich der Alterssiedlungskriminalroman genau so zugetragen.

«Ja, gewiss, wenn man ein Event von drei Minuten Gottesdienst nennen kann; zudem ein Gottesdienst, der es selbst Kirchenfernen ermöglichen sollte, an diesem Mutzuspruch gegen Corona teilzunehmen. Alle Menschen reiferen Alters kennen ja schliesslich das Vaterunser.»

«Und wie ist es mit der Liedstrophe? Können da auch alle mitsingen? Möchten Sie uns dieses Lied vorsingen?»

«Gern.»

*Von guten Mächten wunderbar geborgen*
*erwarten wir getrost, was kommen mag.*
*Gott ist mit uns am Abend und am Morgen*
*und ganz gewiss an jedem neuen Tag.*

«Ah, das berühmte Gebet, das Bonhoeffer kurz vor seiner Hinrichtung durch die Nazischergen betete», stellte Liam fest. «Dieses Lied ist eine gute Wahl. Es verspricht nicht fälschlicherweise, dass man vom Coronavirus verschont bleibt, wenn man diese Worte singt. Schliesslich ist ja Pfarrer Bonhoeffer selber nicht verschont worden. Aber er ging eindrücklich getrost in den Tod und segnete sogar noch seine Henker. Wenn man das singt und betet, fühlt man sich getragen, und ja, irgendwie wird dadurch das Immunsystem gegen das Virus gestärkt. Es ist eine Art spirituelles Händewaschen. Zu solchem Singen und Beten müssten eigentlich die Kirchenglocken läuten. Monsieur Bonnenouvelle, Sie sollten mit allen Glocken läuten! Sie könnten zum Beispiel ein lautes Geklapper mit Pfannendeckeln veranstalten!»

Der betagte Schriftsteller wehrte ab. «Pfannendeckel wollten wir zwar ursprünglich schon einsetzen, doch das würde als Provokation verstanden. Wir wollten mit der Intensität unseres Betens und Singens bewusst herunterfahren.»

«Das verstehe ich nicht. Gibt es denn unter euch Alten Leute, die Ihr Kurzgebet nicht begrüssen? Zum Beispiel Atheisten?»

«Nein, ihr jungen Leute, beleidigen Sie bitte die Atheisten nicht. Unter den Atheisten gibt es menschenfreundliche Menschen, die jede Aktion, welche der Liebe und der inneren Stärkung dient, bejahen, selbst wenn sie von einem Pfarrer kommt. Nein, in unserem Fall kommt der Widerstand von Senioren, welche mir schriftlich bezeugen, dass sie an Gott glauben, aber einen Pfarrer nicht nötig haben.»

«Wir sind schockiert! Ist nicht *Gihon* ein Ausdruck aus der Bibel? Befinden wir uns hier nicht an einem christlichen Ort? Und an diesem Ort mit christlichen Wurzeln wird Ihnen gesagt, dass ein Mann, der aus Leidenschaft Pfarrer geworden ist, unerwünscht sei? Entschuldigen Sie, wir glauben Ihnen kein Wort. So etwas gibt es doch gar nicht!»

«Oh, ich zeige euch Jungen gern den Brief, den mir die Kommission, welche eigentlich die Stimme aller Bewohnerinnen und Bewohner sein müsste, zugestellt hat.»

Wir lasen den Brief und schüttelten ungläubig den Kopf.

«Wir sind sprachlos. Können Sie uns noch etwas Corona nachgiessen? Das ist so unfassbar, dass wir es erst einmal hinunterschwenken müssen. Sind die Kommissionsmitglieder denn frustrierte Alte mit versteinerten Herzen?»

Wir Jungen schauten einander an. «Wie in aller Welt fing das denn an? Dazu muss es doch eine Vorgeschichte geben? Hat es mit jenen beiden Alten dort oben zu tun?»

Liam zeigte auf zwei Nachbarn auf der Veranda eines anderen Stockwerks, die sich trotz coronabedingtem Social Distancing fast in die Haare gerieten.

«Die beiden sind in der Tat mit dem Drama verbunden, das wir ausgerechnet in der Coronazeit erleben. Der rechts ist der Herr Oberst. Er war Oberst im Schweizer Militär und ist mein Freund. Er setzt sich sehr für Flüchtlinge ein. Wir haben zusammen einen Berndeutschkurs für Flüchtlinge aufgebaut, und die Kursteilnehmer sind froh, dass sie an ihrem Arbeitsplatz nun einigermassen Berndeutsch reden können. Der andere ist Herr Lulela.»

«Lulela haben Sie aber erfunden, nicht wahr, Monsieur Bonnenouvelle?»

«Richtig, Lulela ist die Abkürzung von *leben und leben lassen*, das sei nämlich seine Devise, hat er mir in einem Brief geschrieben. Ich habe ihm kürzlich eine selbstgebackene Züpfe geschenkt.»

«Machen Sie das ab zu, für jemanden etwas backen?»

«Ja, sogar sehr oft. Ich schenke den Nachbarn u.a. Konfitüren. Man nennt mich den Konfitürenpfarrer. Aber ich verschenke auch Brot, Brötchen oder Züpfen. Und das habe ich auch bei *Herrn Ausschuss* gemacht.»

«Wer soll nun das wieder sein, dieser Herr Ausschuss?»

«Oh, entschuldigt, Herr Ausschuss ist der eigentliche Name von Herrn Lulela.»

«Und warum nennen Sie Herrn Lulela auf einmal *Herr Ausschuss*?»

«Ich nenne ihn *Herr Ausschuss*, weil er Tag und Nacht unterwegs ist bei den Nachbarn. Er hilft, wo er kann, er ist eine richtiger *Chummerz'hilf*. Sehr eindrücklich. Wer neu in der Abendruh ist und sich nicht auskennt, erhält von ihm die nötigen Informationen. Er ist allerdings auch eine Art Jammertal. Er klagt gern, wenn man Menschen den kleinen Finger gebe, nähmen sie dann die ganze Hand – aber jemand im Ausschuss müsse diese Arbeiten halt schliesslich tun. Wenn Lulela spricht, hat man den Eindruck, es rede der Ausschuss. Darum nenne ich ihn Herr Ausschuss.»

«Und diesen hilfsbereiten Mann wollten Sie mit einer Züpfe trösten und ihm danken?»

«Ja, das wollte ich; den Dank hatte er voll und ganz verdient.»

«Hören wir da eine gewisse Ironie heraus? Sind Sie eitel? Hatten Sie von Lulela ein Dankesschreiben erwartet, einen *Bread and Butter Letter*, wie die Engländer das nennen?»

«Nein, nein, nichts dergleichen, Herr Ausschuss hatte mir ja an der Türe herzlich gedankt. Aber ich hatte auch nicht gerade erwartet, dass er wenige Tage später Unterschriften gegen mich sammeln würde.»

«Unterschriften sammeln gegen Sie, nachdem Sie Lulela eine Züpfe geschenkt hatten? Moment mal, Monsieur Bonnenouvelle, jetzt wird uns etwas klar: Sie sind offensichtlich im Grunde genommen eine völlig unmögliche Person, welche in der Nachbarschaft Unruhe stiftet und Menschen gegeneinander aufhetzt. Dass Sie das tun, geht ja eindeutig aus dem Brief hervor, den Sie uns zum Lesen gegeben haben. Wir lesen, dass Sie missioniert haben mit Ihrer sogenannt guten Nachricht, wie man Ihren Namen übersetzen könnte, Herr Bonnenouvelle. Sie haben die Nachbarn belästigt, sie zur Bekehrung gedrängt, ihnen mit der Hölle gedroht. Und als Sie ahnten, dass die Nachbarn Ihre fanatische Tätigkeit nicht länger dulden und Ihnen klar sagen würden, dass Sie mit Ihren Missionierungen gefälligst aufhören sollten, haben Sie einen Helfershelfer gesucht, und da kam Ihnen der gutmütige *Chummerz'hilf* eben gerade recht. Sie haben ihn bestochen. Einer mit einer solchen Taktik will Pfarrer sein! Sie sollten sich schämen. Das Buch, das Sie uns haben schenken wollen, können Sie behalten. Wir haben genug gehört. Trinken Sie Ihr Coronazeugs selber; wir gehen.»

Enttäuscht von Marc Bonnenouvelle wandten wir uns ab.

«Halt», sagte ich. «Sollten wir einem Mann, der in der Coronazeit derart gute Initiativen ergreift, nicht Gelegenheit geben, seinen Standpunkt darzulegen und uns zu zeigen, wie nach seinem Dafürhalten alles angefangen hat? Wie es geschehen konnte, dass ihm und seiner Frau so viel Unmut entgegenschlägt?»

«Gut», erwiderten die andern. Sie nahmen ihre Gläser mit dem Coronabier wieder in die Hand, nahmen einen Schluck und hörten zu.

«Angefangen hat es mit dem sogenannten *Stamm* und der *Gesprächsrunde* im Fitnessraum», nahm Marc Bonnenouvelle das beinahe abgebrochene Gespräch wieder auf. «Der Stamm ist eine Gründung von Nachbar Ruedi Hanselmann, der mir von allem Anfang an herzlich zugetan war. Der Stamm ist ein Kaffee- oder Bierkränzchen, wo man über allerlei plaudern kann. Auf diese Weise bleiben die Nachbarn einander nicht unbekannt. Ruedi klagte, dass fast niemand mehr komme. Er fragte, ob ich als Neuer den Stamm übernehmen würde; vielleicht würde ich dann schaffen, was ihm mit schwindenden Kräften nicht mehr möglich sei. Wie konnte ich diesem herzensguten Mann diese Bitte abschlagen? Ich versuchte, auf humorvolle Weise neue Wege zu beschreiten. Da das Kaffee- und Bierkränzchen Stamm heisst, wählte ich das Foto eines riesigen Baumes mit so dickem Stamm, dass mehrere Menschen nötig sind, um eine Menschenkette um den Stamm zu bilden. Mit der Menschenkette wollte ich ausdrücken, dass wir eine Gemeinschaft sind. Bei unserem Einzug in die Abendruh hatten wir angenommen, dass alle hier bewusst Gemeinschaft pflegen wollten. Es ist mein Fehler, das gemeint zu haben. Ich bin Pfarrer, und hier befinden wir uns an einem Ort mit christlichen Wurzeln. Alteingesessene bestätigten mir, dass vor fünfzehn Jahren, bei der Gründung der Abendruhsiedlung, Gemeinsamkeit gepflegt worden sei. Man habe vieles miteinander unternommen, sogar eine eigene Zeitung gehabt. Der Stamm, der Jasstisch und die Wandergruppe seien der kümmerliche Überrest. Ich machte mich daher an die Arbeit, den Stamm und die Fitnessraum-Gespräche zu fördern. Ein Jasser bin ich leider nicht. Das Bild mit den Daten für die Zusammenkünfte klebte ich mit Klebstreifen im Bereich der Briefkästen an die Wand – mit meiner Unterschrift. Zurück kam ein angeklebter Brief ohne Unterschrift: 'Wer ist das, der ohne Namen solches Zeug anklebt? Das wird der Verwaltung gemeldet.' Ich klebte zurück: 'Lieber unbekannter Nachbar, im Gegensatz zu Ihnen habe ich die Unterschrift zu der Einladung gesetzt. Sie dürfen mir problemlos sagen, wer Sie sind; dann trinken wir ein Glas Wein miteinander und finden uns sympathisch.' Einige Monate später verschickte ich erneut Einladungen mit den Daten, diesmal in die Briefkästen, wieder mit dem Bild vom Baum. Die wütende anonyme Antwort erfolgte prompt: 'Ich verbiete Ihnen, Ihr religiöses Zeug in meinen Briefkasten zu werfen; ich werde Ihr Tun der Verwaltung melden.' Von Religion hatte in meiner Einladung kein einziges Wort gestanden, nur von Förderung der Gemeinschaft. Ich klebte zurück: 'Lassen Sie die Verwaltung aus dem Spiel und sagen Sie mir einfach Ihren Namen, damit ich Ihren Briefkasten in Zukunft nicht mehr bediene.'

Mit den Einladungen für die Gespräche im Fitnessraum ging es ähnlich. Hier erhielt ich weniger häufig anonyme Post, weil ich zwar die Sache aktiv unterstütze, aber nur stellvertretend einlade, wenn der Zuständige selber gerade nicht kann.»

«Darf ich fragen, was das für Fitnessraum-Gespräche sind?», fragte Leon. «Haben Sie da möglicherweise Predigten gehalten?»

«Predigten nicht gerade, aber mein Freund Werner Rüfenacht hat oft Pfarrerinnen und Pfarrer aus der Kirchgemeinde Ramseyersberg eingeladen. Ich selber habe lediglich eine Einladung geschrieben, als ich den neugewählten jungen sympathischen Pfarrer, Julian Sebaster, gewinnen konnte, sich uns Alten vorzustellen. Das Thema damals lautete: *Wie kommt ein junger Mensch in einer Zeit, wo nicht mehr viele zur Kirche stehen, dazu, Pfarrer zu werden?* Es war ein sehr bewegendes Gespräch. Der junge Mann ist nicht besonders religiös aufgewachsen. Er war zuerst Sozialarbeiter, merkte dann aber, dass er für diese Arbeit mehr als nur menschliche Kräfte einsetzen musste. So wurde er Pfarrer. Es ist nicht abzustreiten, dass wir bei der Begegnung mit dem jungen Pfarrer intensiv über den Glauben sprachen.

Bei weiteren Einladungen, wiederum für den Stamm, bei dem ich unermüdlich betonte, dass es wichtig sei, als Nachbarn eine Gemeinschaft zu bilden, in der man sich füreinander interessiere und sich gegenseitig unterstützen könne, traten erstmals Spannungen auf. Ich merkte damals zwar noch nicht, dass das Spannungen waren. Ich fand einfach eine gewisse Aussage unerklärlich: Eine Frau, die mit ihrem Mann am Stamm teilgenommen hatte, teilte mir mit – eigentlich liebevoll –, an die Fitnesszusammenkünfte würden sie und ihr Mann nicht kommen, da sie zur Waldenserkirche gehörten. Ich hatte lange Zeit keine Ahnung, was sie mir mit dieser Aussage erklären wollte, und staunte, als die beiden auch nicht mehr an den Stamm kamen.»

«Marc Bonnenouvelle, worüber haben die Stammgäste am Stammtisch denn jeweils geplaudert?»

«Oh, über das, was alte Leute eben so besprechen, über alle möglichen Bobos und Bobölis, über Ärzte und Tabletten, über Grosskinder, über das Wetter und die Tagesereignisse.»

«Und nie über die Religion?»

«Ich kann nicht sagen: nie. Ich gebe gern zu, dass in mir selbst im hohen Alter ein Feuer brennt.»

Marcs Interviewer warfen sich bedeutungsvolle Blicke zu; sie wussten: Jetzt kommt es. Marc hatte tatsächlich missioniert.

«Hier liegt Ihr Problem», sagten sie. «Sie haben gepredigt.»

Monsieur Bonnenouvelle war sprachlos.

«Aber doch nicht im traditionellen Sinn», rief er sehr laut. «Ich habe ab und zu eine meiner Kurzgeschichten vorgelesen, sogar Schreckmümpfelis, bei denen meine Zuhörerinnen und Zuhörer fanden, ich hätte einen pechschwarzen Humor, aber ja, ich lasse in diesen Geschichten eine Zukunft entstehen, wie sie grausiger nicht sein könnte, und man kann nur hoffen, dass es nicht so weit kommen wird. Warten Sie, liebe Interviewerinnen und Interviewer, ich hole Ihnen eine solche Geschichte. Voilà. Und nach dem

Lesen solcher Geschichten haben wir einander gesagt, von was für einer guten Zukunft wir lieber träumen. Dabei hat man mich in der Tat gefragt, was die Bibel und der Glaube dazu sagten. Herr Ausschuss fand …»

«Was, Herr Ausschuss kam auch an den Bier- und Kaffeestamm?»

«Ja, Lulela kam ab und zu – selten zwar – sowohl an den Bier- und Kaffeestamm als auch zu den Fitnessgesprächen. Ich habe ja gesagt, dass er ein hilfsbereiter Mensch ist. Er hat, sogar wenn er nicht an die Gespräche kam, vorher noch geholfen, die Tische und Stühle bereitzustellen. Er hat auch gern religiöse Fragen gestellt, manchmal ein bisschen schimpfend. Er konnte lautstark über Pfarrer schimpfen, welche nicht in jedem Gottesdienst und nicht in jeder Konfirmandenstunde das Vaterunser beten. Und er freute sich, wenn ich ihm in der Frage des Vaterunsers beipflichtete. Im Fitnessraum bei den Gesprächen mit den Pfarrern aus der Kirchgemeinde Ramseyersberg dankte er mir, wenn ich nicht gleicher Meinung war wie meine Kollegen.»

«Aha, also waren die Referenten und Referentinnen Pfarrer und Pfarrerinnen.»

«Sehr richtig, aber das war schon so, bevor meine Frau und ich in die Abendruh kamen.»

«Und die Themen?»

«Oh, alles Mögliche: Einsamkeit im Alter, Palliative Care, Exit ja oder nein, Flüchtlingsfragen. Wir haben sogar einen Flüchtling eingeladen, über die Not seiner Flucht über das Mittelmeer zu sprechen. Persönlich eingeladen habe ich eine vielgeliebte Gihonmitarbeiterin Susanne Wiederkehr, die sich jahrelang sehr für die Abendruhleute eingesetzt hatte, bis sie andere Aufgaben übernahm. Eigentlich hätte mir schon damals auffallen müssen, dass etwas in der Luft lag. Nur ganz wenige Leute kamen, um die Frau zu hören, die sich bis zum Geht-nicht-Mehr für uns Nachbarn eingesetzt hatte. *Gihon* ist ein biblischer Name. Ich hatte Frau

Wiederkehr gebeten, uns etwas über die Geschichte des Gihonkrankenhauses zu sagen. Als Einleitung las ich das Kapitel über die Jerusalemer Wasserversorgung, die Gihonquelle, vor, das in meinem Judasroman stehen wird. Frau Wiederkehr bat mich vor allen Anwesenden, ihr ein Exemplar zu schicken, sobald das Buch erscheine.»

«Sie haben also wieder einmal das Predigen nicht lassen können, Herr Pfarrer. Hat wenigstens der Anonymiker Sie in Ruhe gelassen?»

«Nein, das hat er nicht. Meine Frau und ich wohnen seit vier Jahren in der Abendruh und ich werde seit vier Jahren anonym belästigt.»

«Wusste der Ausschuss das?»

«Ja, der Ausschuss wusste das. Ich sprach mit Herrn Ausschuss darüber. Er lachte und sagte: 'Marc, ich bin's nicht.'»

«Und wie haben Sie auf dieses Gelächter reagiert?»

«Auf dieselbe Weise wie Herr Ausschuss. Ich sagte, ebenfalls lachend, zu ihm: 'Doch, ich bin sicher, dass du der anonyme Schreiber bist.' Und dann hatten wir noch eine Zeitlang weiter Spass. Herr Ausschuss macht gerne ein Witzchen. Das macht ihn ja so liebenswürdig.»

«Und Sie haben den Ausschuss nie aufgefordert, er möge gegenüber den anonymen Machenschaften ein Machtwort sprechen?»

«Nein, das habe ich erst jetzt im Zusammenhang mit unserem Corona-Sonntagsgebet getan.»

«Wie konnten Sie das so lange ertragen?»

«Pfarrer und Politiker stehen in der Öffentlichkeit. Wenn man sich für etwas einsetzt, gibt es Widerstand, leider auch anonyme Drohungen. Als ich mich als Pfarrer für Flüchtlinge einsetzte und buchstäblich einigen von ihnen das Leben rettete, erhielt ich jeden Morgen Punkt sieben eine anonyme telefonische Morddrohung. Weitere folgten im Verlauf des Tages; immer dieselbe Stimme. Damals konnte man am Telefon noch nicht ohne weiteres feststellen, wer der Anrufer war.»

Monsieur Bonnenouvelle fing unbändig zu lachen an.

«Marc, Sie erhielten monatelang Morddrohungen und müssen lachen?»

Monsieur Bonnenouvelle wischte sich die Lachtränen aus den Augen.

«Als Pfarrer musste ich mich ja bei jedem Anruf melden, aber wer ruft denn schon um sieben Uhr früh an ausser diesem anonymen unmoralischen Feigling? Und so hatte ich eines Tages anstatt meinen Namen zu sagen, einen Satz bereit. Als es klingelte, hob ich ab und ...» Wieder begann Marc zu lachen. «Ich hob den Hörer ab und sagte: 'Sie sind ein kranker Mann, gehen Sie zum Psychiater.' Das hatte der Anrufer nun doch nicht erwartet. Es blieb zwei Sekunden lang ganz still und dann hörte ich Gemeinderätin Matter sagen: 'Was ist mit Ihnen, Herr Pfarrer?'»

Jetzt mussten auch die Interviewer lachen. «War die Gemeinderätin Mani Matters Frau?» Wieder lachten sie. Sie streckten Monsieur Bonnenouvelle die Gläser entgegen. Erneut prosteten sie einander zu.

«Dürfen wir einander nicht du sagen?», schlugen ausgerechnet die Jungen vor.

«Doch, gerne, *per du* kann ich euch besser missionieren, *per Sie* ist alles *perdu*.»

«Missioniere uns ruhig. Predigst du eigentlich noch?»

«Ja, ich kann's nicht lassen. In mir brennt das Feuer. Ich predige in Bern etwa viermal im Jahr im Rahmen der ökumenischen Mittwochgottesdienste in der katholischen Dreifaltigkeitskirche. Ihr könnt also ruhig kommen.»

«Aber ich gehöre doch zur Waldenserkirche», grinste Gabi.

Wieder lachten sie, doch dann fragte Leon: «Marc, wie hältst du das alles aus? Du erlebst mit deinen Nachbarn ja die Hölle.»

«Ich erlebe nicht nur die Hölle; ich erlebe auch den Himmel auf Erden. Es hat einige richtig zusammengeschweisst – und das bei Social Distancing. Es setzt mir schon zu, aber ich bin dreiundachtzig Jahre alt und habe ein erfülltes Leben hinter mir. Gott hat es immer gut gemeint mit mir. Ich habe eine tolle Frau und liebe Söhne, denen ich heutzutage sogar gehorchen muss. Aber auch ich bin nur ein Mensch aus Fleisch und Blut mit Gefühlen. Ich werde lieber geliebt als gehasst. Ich bin seit meiner Kindheit bis ins hohe Alter immer wieder geliebt worden. Seit meinem sogenannten Ruhestand bin ich der Papito, also Papi, der Strassenkinder in Cusco in Peru. Ich bin dort sogar im Beisein von Tausenden von Menschen auf dem Hauptplatz der Stadt vom Bürgermeister geehrt worden. Unter Kanonendonner durfte ich die Fahne von Cusco hochziehen und vor dem peruanischen Fernsehen von meiner Beziehung zu diesen Kindern reden und der Bevölkerung sagen, dass diese ursprünglich verlorenen Kinder leuchtende Perlen aus dem Strassenstaub sind, wenn man sie mit der Liebe des auferstandenen Christus in Verbindung bringt.»

«Wir kennen die wunderschöne Andenstadt Cusco», sagten Gabi, Leon und Liam. «Das alles hast du auf dem Hauptlatz von Cusco bei Liveübertragung am Fernsehen gesagt?»

«Ja, das habe ich, in meinem wackligen Spanisch.»

«Und wie viele Menschen befanden sich auf dem Hauptplatz?»

«Oh, das war anlässlich eines grossen Festes. Es mögen zehn- oder zwanzigtausend Menschen gewesen sein. Und von da an hatte ich grünes Licht für eine missionarische Tätigkeit im Frauen- und im Männergefängnis von Cusco. Ich durfte mit meinen geretteten Strassenkindern hingehen. Die Kinder haben ihre Befreiung theaterartig aufgeführt und ich habe die Predigt gehalten. Da waren an die tausend Sträflinge, und die haben alle geweint vor Bewegung. Aus gesundheitlichen Gründen kann ich nicht mehr zu meinen Strassenkindern gehen. Ich ertrage die Höhe von Cusco, 3600 ü.M., nicht mehr, aber ich unterstütze 'meine Kinder' weiterhin durch den Verkauf meiner Konfitüren. Wenn man auf mir herumtrampelt, tut es mir weh, aber ich erinnere mich dann eben an das, was ich bis vor kurzem in Cusco erleben durfte.»

«Wirst du dich der Sünde der Eitelkeit hingeben, Marc, wenn wir dir sagen, dass die Nachbarn in der Abendruh Mitbewohner wie deine Frau und dich gar nicht verdienen?»

«Stopp! Stopp! Ich glaube, dass mehr als die Hälfte der Bewohner und Bewohnerinnen es schätzen, dass meine Frau und ich in der Abendruh sind, auch wenn nicht alle während der Coronakrise am Sonntag auf die Veranda kommen, um zu singen und zu beten. Es wollen aber nicht alle in diesen Strudel der Ablehnung gezogen werden. Sie alle haben sich ihren Alterssitz anders vorgestellt. Aber ich gebe gern zu, dass euer Kompliment, dass einige mich gar nicht verdient hätten, mir guttut. Ich suhle mich gerne ein bisschen in meiner Eitelkeit und sage innerlich den auf mir Herumtrampelnden: 'Und was tut eigentlich ihr für die Menschen in der Abendruh und in der Welt?' Aber dann denke ich wieder an den hilfsbereiten Herrn Ausschuss. Doch, doch, dieser tut sehr viel Gutes.»

«Marc, du sprichst immer wieder geradezu liebenswürdig von dem Mann, dem du die Züpfe geschenkt hast und der dir als Dank in den Rücken geschossen hat, indem er Nachbarn bearbeitete. Wie kannst du das?»

«Wie ihr wisst, gibt es sowohl unter Atheisten als auch unter Christen gute oder schlechte Menschen, aber eigentlich dürfte Jesus Christus doch einen Unterschied im Leben machen. Wir haben alle denselben himmlischen Vater – den ich auch Mutter nennen könnte. Herr Ausschuss ist genau wie alle anderen Menschen, ob nett oder gar nicht nett, mein Bruder.»

«Wirst du nie wütend? Oder verdrängst du deine Wut?»

«Natürlich werde ich wütend über die Behauptung, dass ich die Nachbarn mit meinen Einladungsbriefen ärgere. Meine Bilder mit der Menschenkette rings um den Baumstamm werden Traktätli genannt. Darüber werde ich sogar sehr wütend, und meine liebe Frau noch viel mehr. Nein, verdrängen kommt nicht in Frage. Verdrängen macht genauso krank wie die Wut selber. Ich bin umgeben von lieben Menschen, die ich bitten darf, in meinem Namen zu toben. Da ist zum Beispiel dieser junge Kirchenmusiker, der gegen das Coronavirus anorgelt. Ich kann ihn auf Instagram live hören. Er hat mir versprochen, ganz wütende Stücke zu spielen, seine Art der Fürbitte für mich. Das Toben der Orgel macht mich lachen, wenn ich ihm dann zuhöre. Es gibt eben auch einen wunderbaren christlichen Humor. Und wenn dieser junge Künstler das für mich Alten tut, wird mir ganz wohl dabei. Ich bin so dankbar, dass ich diesen Glauben habe. Ich möchte ihn bis zu meinem letzten Atemzug mit ganz vielen teilen.

«Mannomann», lachten die Gymnasiasten, «du missionierst uns.» Aber sofort wurden sie wieder ernst und fragten: «Mit solchen Orgelgebeten und ähnlichen Gebeten löst sich die Wut in Luft auf?»

«Nein, sie löst sich nicht in Luft auf, sie verwandelt sich nach einem ersten Lachen in Trauer, vor allem in eine Trauer um die Menschen, die keine solche Möglichkeit haben, in eine Trauer um eine Gesellschaft, für die Beten etwas Peinliches ist. Das erlebe ich in Südamerika anders. Meine bereits erwachsenen ehemaligen Strassenkinder berichten mir, dass man in der Coronakrise auf den Strassen Polizisten sehen kann, die niederknien und beten. Ich bin zutiefst traurig über so vieles, was wir in Westeuropa verloren haben. Ich fühle aber auch die Trauer der Menschen, welche ihre Arbeit oder ihre Geschäfte verlieren und nicht ein und aus wissen. Ich kann auch im Alter nicht aufhören, Pfarrer zu sein. Ich bin traurig über Menschen, die jetzt ohne Umarmung ihrer Liebsten sterben, weil diese das Krankenhaus nicht betreten dürfen.»

«Und Trauer ist besser als Wut?»

«Trauer ist jedenfalls besser als Hass. Hass bringt Tod, geheiligte Trauer bringt Leben. In Psalm 126 heisst es:

*Die mit Tränen säen, werden mit Jubel ernten.*
*Man schreitet dahin unter Tränen und streut den Samen;*
*mit Jubel kehrt man heim, trägt hoch seine Garben.»*

«Eindrücklich, sehr eindrücklich. Du trägst den Namen Bonnenouvelle zu Recht. Aber Hand aufs Herz: Du hast schon wieder gepredigt. So ein bisschen können wir deine Brüder und Schwestern schon verstehen. Wenn man das Wort missionieren im abschätzigen Sinn versteht, bedeutet es doch religiöse Manipulation. Könnte es nicht sein, dass du den einen oder andern Bruder oder die eine oder andere Schwester religiös manipuliert hast? Sei ehrlich, hast du religiös noch nie manipuliert?»

Monsieur Bonnenouvelle lächelte verschmitzt. «Es ist Zeit, dass ich ein Geständnis ablege: Ich bekenne mich schuldig, religiös manipuliert zu haben. Und das ausgerechnet bei einem Mitglied der Kommission.»

«Das war aber wirklich dumm von dir, Marc. Was hat du getan?»

«Eine ganze Stunde lang habe ich auf dieses Ausschussmitglied eingeredet, so richtig bekniet habe ich ihn. Nach dem Motto: Heute hat ihn der Herr in meine Hände gegeben. Missionarisch halt eben. Ich habe mit ihm gebetet und ihm ein Kirchengesangbuch in die Hand gedrückt, und er hat sich tatsächlich dahin manipulieren lassen, ein Lied zu singen. Auch habe ich ihn ermutigt, Ja zu sagen, und stellt euch vor, er hat es tatsächlich getan!»

«Also, das ist wirklich ein starkes Stück! Und da wunderst du dich, dass der Ausschuss in einem Fragebogen die Möglichkeit bietet anzukreuzen, ob man solche Post von dir haben will oder nicht? Was du mit diesem Ausschussmitglied getan hast, ist ehrlich gesagt unter allem Hund. Das hat sicher augenblicklich Reaktionen gegeben.»

«Selbstverständlich hat es Reaktionen gegeben. Nach dem Jawort waren er und seine Braut Mann und Frau.»

Die Biertrinker auf der Veranda und in der Küche brachen in derart schallendes Gelächter aus, dass sich an einigen Fenstern die Vorhänge bewegten. Doch auf einmal fuhren sie wie aufgescheuchte Krähen auseinander. Was erschreckte sie derart? War jemand mit dem Gewehr gekommen? Nein, die Gymnasiasten waren bloss auf Social Distance gegangen. Vor dem Fenster stand die liebe, gute Colette mit selbstgebackenen Biscuits. Sie hatte Tränen in den Augen. Nebst den Biscuits, die sie brachte, um Marc zu trösten, hielt sie einen Brief in der Hand, einen Brief von Moritz.

«Der Ausschuss manipuliert die Leute, sodass sie aussagen, du habest sie zu deinen Überzeugungen zwingen wollen. Moritz hat nicht einfach den Ja/Nein-Fragebogen der Kommission mit Nein in den Briefkasten geworfen, sondern er hat dir einen persönlichen Brief geschrieben.»

«Ja, das hat er. Aber wie kommst du zu diesem Brief?»

«Oh, der hängt an den Pinwand, von allen zu lesen, dass du religiös manipulierst, also missionierst, wie der Ausschuss das nennt.»

Aus sicherer Distanz fragten die Biertrinker: «Hast du diesen Bruder, wie du die Nachbarn nennst, etwa auch getraut?»

«Nein, das habe ich nicht. Moritz und ich sind zwar per du, aber wir haben nur ein einziges Mal längere Zeit miteinander gesprochen; sonst grüssen wir einander einfach freundlich. Dass ich überhaupt ganz sicher weiss, dass wir nur ein einziges Mal miteinander gesprochen haben, kann ich nie vergessen, denn bei diesem einzigen Mal habe ich ihn religiös so richtig in den Schwitzkasten genommen.»

«Das ist sicher wieder so etwas Ähnliches wie deine Missionstrau- ung», grinsten Gabi, Leon und Liam.

«Ihr kennt mich langsam. Noch ein Corona?»

Colette wehrte ab. «Für mich nicht, aber ein Glas Wasser gern.»

«Augenblick, hier das Wasser. Bitte aufpassen, Distanz wahren.»

«Also, der Schwitzkasten: Eines Tages schrieb ich mich ein für die Sauna in unserem Fitnessraum, da hörte ich hinter mir einen Seufzer. Es war Moritz, der sich auch gerade einschreiben wollte. 'Wenn's Ihnen nichts ausmacht, können wir gemeinsam saunen», sagte ich zu ihm. Wir gingen miteinander in den Schwitzkasten, und wenn schon nackt, dann eben sofort per du. Seither grüssen wir einander freundlich und natürlich bekommt er meine Kaffee- und Biereinladungen mit dem Bild vom Baumstamm.»

«Und jetzt legt er nicht nur ein Schreiben in deinen Briefkasten, worin er dich bittet, ihn mit deiner religiösen Post zu verschonen, sondern er hängt es an die Pinwand. Was ist daraus wohl zu schliessen?» fragt Gabi.

«Daraus schliesse ich, dass Moritz missioniert worden ist, mani- puliert, und das nicht von Marc. Dieser Moritz dient als Zeuge, dass es nicht eine blosse Behauptung der Kommission sein soll, dass du missionierst, sondern dass sich tatsächlich Nachbarn dar- über beschweren», analysierte Colette scharfsinnig. «Irgendwo ist in unserer Nachbarschaft der Wurm drin, entweder im Ausschuss selber oder bei jemandem, der Einfluss auf den Ausschuss hat.»

«Eine andere Analyse lässt sich wohl kaum machen», meinte Li- am, und alle pflichteten ihm lebhaft bei.

«Aber missionieren tust ja du trotzdem», lachte Leon. «Deine tolle Predigt über Psalm 126: Die mit Tränen säen, werden mit Jubel ernten. Oder darüber, wie du Wut in Trauer verwandelst.»

«Ja, ich predige, aber ihr habt schliesslich gefragt, wie man aus seiner Wut etwas Gutes machen kann.»

«Darf ich mich verabschieden. Ich gehe zu meinem Mann zurück.» Für Colette wurde es allmählich zu viel; sie war zutiefst erschüttert.

«Danke, Colette, für die Biscuits und für alle Unterstützung! Gruss an Hannes.»

Zurück blieben Gabi, Leon und Liam. Sie dachten mit ihrem Biergastgeber darüber nach, warum das Kesseltreiben gegen Marc ausgerechnet in der Coronakrise angefangen hatte.

«Vier Jahre lang war in der Abendruh alles ruhig, abgesehen von den anonymen Schweinereien, die dich aber nicht besonders aufgeregt haben», überlegte Leon. «Offenbar haben die einen Nachbarn sich die Daten auf den Bildchen mit dem Baumstamm gemerkt und eingeschrieben und andere haben sie einfach ins Altpapier geschmissen – leben und leben lassen. Von Tür zu Tür hat niemand gegen dich gejammert. Auch Herr Ausschuss hat nie auch nur einen Finger gegen dich erhoben. Wieso plötzlich dieser Konflikt? War da plötzlich wieder ein anonymes Schreiben?»

«Nein, ausgebrochen ist der Konflikt durch einen grimmigen, nicht anonymen Telefonanruf mit Meldung an die Verwaltung. Ich weiss nicht einmal, wie Herr Grimm aussieht. Ich kann ihn ausser durch das Bild eines Baumstamms mit Daten unmöglich missioniert haben. Am Verandagebet braucht er ja nicht teilzunehmen. Vielleicht war er einmal ein Boss, der gewohnt war, dass ihm alle gehorchen mussten. Die *Meldung an die Verwaltung* kannte ich allerdings aus den anonymen Briefen bestens, doch Herr Grimm muss nicht unbedingt identisch sein mit Herrn Anonymus. Ich hatte per Schreiben in alle Briefkästen die Nachbarn auf die Möglichkeit aufmerksam gemacht, während der Coronakrise zur Gottesdienstzeit um 10 Uhr 30 zur Weckung innerer Kräfte und als Dank an das Personal im Spital auf der Veranda zu singen und zu beten. Daraufhin kam das grimmige und auch dumme Telefonat. Dumm, weil Herr Grimm behauptete, für ein gemeinsames Lied und ein Vaterunser auf dem

Abendruhareal brauche es die Einwilligung jedes einzelnen Nachbarn bzw. eine Abstimmung. Ich erklärte ihm kurz, dass es bei einem Brand für das Eingreifen der Feuerwehr auch keine Abstimmung brauche und dass wir jetzt mitten in einem Weltbrand stünden. Ich fühlte mich durch das grimmige Telefonat angespuckt. Das Gespräch brach ich grusslos ab. Nach Herrn Grimms Meldung an die Verwaltung mahnte mich diese, die Teilnahme am Event sei zwar der Verantwortung der einzelnen überlassen, aber wir möchten doch wegen Ansteckungsgefahr so etwas nicht tun. Mit meiner etwas allzu liberalen Interpretation des Schreibens der Verwaltung schrieb ich den Nachbarn, die Verwaltung habe nichts gegen das Event, sofern wir uns strikte an eine geradezu übertriebene Social Distance halten würden. Nach dieser liberalen Auslegung verschärfte die Verwaltung den Ton. Sie bat mich inständig, aus Nächstenliebe, zur Vermeidung von Ansteckungen auf die Durchführung des Verandagebets zu verzichten. Gefahr einer Ansteckung bestand zwar keine, doch meinte ich, um des Friedens in der Nachbarschaft willen auf Beten und Singen verzichten zu müssen, und klebte schweren Herzens eine Verzichtserklärung an die Wand bei den Briefkästen. Am Sonntag allerdings, fünf Minuten vor dem geplanten und wieder abgesagten Event, riefen mich zu meiner Freude Nachbarn an und machten mir Mut, das Gebet doch durchzuführen. Dieses fand denn auch statt, sowohl am ersten als auch am zweiten Sonntag der Corona-Vollkrise. Es war wunderschön – jedenfalls für die Teilnehmer.

Nun trat Herr Ausschuss, bei dem ich mich mit einer Züpfe bedankt hatte, in Aktion. Er ging von Tür zu Tür und sammelte Unterschriften gegen den Traktätliverbreiter, wie ich in dem Schreiben von neun Personen genannt wurde. Da der *Herr Ausschuss* eben der Herr Ausschuss ist, nahmen die am Gebet mitwirkenden Nachbarn an, der Versuch, uns zu stoppen, bzw. besagter Brief beruhe auf einem Beschluss der Kommission. Ich verlangte daher vom Ausschuss, öffentlich zu erklären, ob der Beschluss von ihm sei oder nicht, und ich bat ihn, ein Machtwort gegen anonyme Schreiben zu sprechen. Auf die erste Forderung ist der Ausschuss eingegangen. Er schreibt, dass der Brief der neun nicht auf einem Beschluss der Kommission beruhe, und nennt mich schriftlich einen Verbreiter von Falschmeldungen. Gleichzeitig unternahm er etwas sehr Ähnliches wie das, was Herr Ausschuss schon vorher getan hatte: Er verteilte einen Fragebogen, auf dem man ankreuzen konnte, ob man die *missionarischen Mitteilungen* des Unruhestifters weiterhin im Briefkasten haben wolle oder nicht. Bei einer derartigen Formulierung werden selbst solche «Nein» geschrieben haben, die mir zugetan sind. Wenn man in den Felsen laut «missionieren» ruft, kommt als Echo «missionieren» zurück. Herr Ausschuss hat an den Türen «missionieren» gerufen. Moritz ist ein solches Echo, hörbar bis zur Pinwand. Die Empfänger des Fragebogens wurden aufgefordert, ihre Antwort beim Ausschuss abzuliefern. In der Annahme, der Ausschuss wolle eigentlich eine Beruhigung bewirken, hatte ich auf eine Liste mit Jas und Neins gewartet, mit einem persönlichen Wort und freundlichen Grüssen. Ich hatte keine Ahnung, dass ich mit dem Ausschuss einen Konflikt hatte – jedoch wurden mir die Fragebogen grusslos in den Briefkasten geworfen. Der Fragebogen enthielt nichts Verbindendes. Auf eine Reaktion auf meine freundliche Bitte, der Ausschuss möge nach vier Jahren anonymer Belästigung ein starkes Wort gegen anonyme Machenschaften sprechen, wartete ich vergeblich. Ich kann das nicht anders interpretieren, als dass der Ausschuss zwar meine Leidenschaft für Gott und Menschen tadelt, gegen anonyme Sauereien jedoch nicht das Geringste unternimmt. Und er bleibt mir die Erklärung schuldig, wen ich religiös manipuliert haben soll. Missionierung als Vorwurf ist der Vorwurf religiöser Manipulation und religiösen Machtanspruchs. Und das muss man mir erst noch beweisen, bei wem ich solches getan habe und wie, bevor man mich durch einen Fragebogen verleumdet, während man gleichzeitig Anonymitäten duldet.»

Die Gymnasiasten schauten Marc Bonnenouvelle bekümmert an. «Können wir dir helfen, etwas gegen diese Ungeheuerlichkeit zu unternehmen? Zeitung? Fernsehen?»

Marc schüttelte den Kopf: «Keine Presse, kein Fernsehen.»

«Ja, willst du denn gar nichts unternehmen?»

«Das habe ich nicht gesagt», meinte Bonnenouvelle. «Ich bin Schriftsteller. Ich habe jetzt den Stoff für einen Kriminalroman.»

# Von Raben und anderen seltsamen Vögeln

## Karfreitag 2020

Eine knappe Mehrheit der Nachbarn hat es mir schwarz auf weiss zu verstehen gegeben: «Ein Pfarrer ist in dieser Siedlung nicht erwünscht» – in einer Siedlung mit ursprünglich christlichen Wurzeln! «Wir sind manipuliert worden, das Entsprechende anzukreuzen», berichtete mir einer derjenigen, die gegen mich unterschrieben hatten, «man konnte fast nicht anders.»

Auch Franz von Assisi wollte man nicht predigen lassen. Ob er wohl darum den Vögeln gepredigt hat? Ich schaue aus dem Fenster und beobachte die Raben auf dem Feld. Kleine Spaziergänge sind erlaubt – ohne Menschenansammlung –, sagt Alain Berset. Vielleicht sollte ich, wenn ich mit meiner Frau hinausgehe, vor die Raben treten und ihnen predigen. Bei Franziskus haben sie jedenfalls zugehört und keine Abstimmung darüber abgehalten, dass sie so etwas nicht wünschten. Aber vielleicht war es genau umgekehrt. Vielleicht haben ja die Raben zu Franziskus gepredigt. Je länger ich darüber nachdenke, desto stärker wird in mir die Gewissheit, dass Raben tatsächlich auch zu mir schon gepredigt haben.

## Angefangen hat es mit Köbeli

Ich war damals noch ein junger Pfarrer. In einem Hochhaus wollte ich eine liebe alte, kranke Frau besuchen. Davor auf dem Treppengeländer sass Köbeli. Ich war erstaunt, dass er mich so nah herankommen liess. Ganz langsam – um ihn nicht zu erschrecken – schritt ich auf ihn zu. Schliesslich stand ich direkt vor ihm. Wir schauten uns gegenseitig an. Da öffnete sich die Haustür, eine Frau kam heraus, streckte dem Raben ein Stück Käse entgegen und sagte: «Da, nimm, Köbeli.»

Das kranke alte Gemeindeglied hatte mich gebeten, ihr das Abendmahl zu bringen. Das Fenster war offen, Köbeli kam hereingeflogen. Er setzte sich auf die Bettdecke und feierte mit. Er bekam sogar ein Stück Abendmahlsbrot. Wenige Tage nach ihrem letzten Abendmahl durfte die kranke alte Frau zu Gott heimkehren.

Es wird behauptet, dass Raben den Tod ankünden. Bei einem Mann krächzen sie dreimal: «kstirbk, kstirbk, kstirbk», bei einer Frau zweimal. Das ist Aberglaube – aber Raben sind trotzdem ganz besondere Vögel. Das sagt auch die Bibel, und das sagen auch alte Bibelauslegungen.

Kurz nach der Vertreibung von Adam und Eva aus dem Paradies ermordete Kain seinen Bruder Abel. Eine uralte jüdische Bibelauslegung sagt dazu: Adam und Eva weinten über den Tod von Abel, aber sie wussten nicht, was man mit einem Toten tun sollte. Im Paradies hatte es keinen Tod gegeben. Da fiel ein totes Rabenjunges aus dem Nest. Adam und Eva beobachteten, wie die Rabeneltern mit ihren Schnäbeln ein Loch in den Boden hackten und ihr Junges begruben. Nun wusste auch das erste Elternpaar, was mit einem Toten zu geschehen hatte. Sie hatten von den Raben gelernt.

Raben sind – Entschuldigung – vorbildliche «Christen». In ihren Nestern sorgen sie vorbildlich für ihre eigene Familie, und sie pflegen auch untereinander Gemeinschaft. Sie leben nicht nur ihr persönliches Ich und das verlängerte Ich der Familie. Raben ohne Rabenschwärme sind undenkbar. Raben haben eine Gemeinde. Von meinem Fenster aus sehe ich sie oft zu hunderten herumkreisen, sozusagen Gott umkreisen.

Raben sind hochintelligente Vögel. Sie können Nüsse auf eine befahrene Strasse fallen lassen und warten, dass Autos diese für sie aufknacken. Verletzte Raben wehren sich nicht, wenn sie spüren, dass ein hilfreicher Mensch sie zusammenliest und sie verarztet. Und sie können Dankbarkeit bekunden. Köbeli war einer der

Verarzteten, der bis zu seinem Tod mit dem Hochhaus verbunden blieb. Er wurde übrigens von einem grimmigen alten Mann erschossen.

Die Geschichte von Adam und Eva und der Beerdigung des Rabenjungen steht nicht in der Bibel, sie steht in einer jüdischen Auslegung. Anders ist es mit der Geschichte von der Sintflut. Zuerst liess Noah einen Raben losfliegen, um zu erkunden, ob alles trocken sei. Der Rabe war so intelligent, dass er auch mitten im Schrecken der Wasser überleben konnte; er kehrte nicht in die Arche zurück. Anders die Taube. Beim ersten Ausflug fand sie alles so schrecklich, dass sie schleunigst zurückkehrte. Erst beim zweiten Ausflug konnte sie mit einem grünen Ölzweiglein melden, dass man aus der Arche aussteigen könne. Der intelligente Rabe dagegen hatte sich bereits vorher gemütlich eingerichtet.

Raben kommen auch beim Propheten Elia vor. Als Elia seinen Mund gegen die ungerechte Königsherrschaft geöffnet hatte, musste er fliehen. Dem Propheten zu helfen, war derart gefährlich, dass Gott eine Zeitlang keinen einzigen Menschen fand, der den hungrigen Propheten in seinem Versteck durchgefüttert hätte. Im ersten Königsbuch in Kapitel 17 steht die Geschichte von den Raben, welche dem Propheten Essen brachten.

Jesus lebte zur Zeit des römischen Reiches. Im römischen Reich lebten 2 Prozent der Menschen in Saus und Braus, 98 Prozent knapp am Existenzminimum oder darunter. Der Hungertod war zur Zeit Jesu genauso normal wie heutzutage bei uns der Tod durch Altersschwäche. Als Jesus für tausende Menschen Brot vermehrte, sagt die Bibel ausdrücklich, dass die Menschen vor Hunger zusammengebrochen wären, wenn sie nicht hätten essen können (Mk. 8,3). Und das Wunder der Brotvermehrung geschieht in Form des Teilens, des miteinander Teilens.

Ich glaube an Wunder und habe auch Wunder erlebt. Aber ohne die Willigkeit zu echtem Teilen gibt es kein Wunder. Die Wunder Gottes haben ihre Gottes-Regeln.

Die Bitte im Vaterunser um das tägliche Brot ist die Zusage, dass Gott den Ärmsten Brot geben will. Und hier habe ich eine sehr eigenwillige Auslegung einer weiteren Bibelstelle über Raben in Lukas 12,22:

«Er sprach zu seinen Jüngern: Deshalb sage ich euch: Sorget euch nicht um das Leben, was ihr essen sollt, noch um den Leib, was ihr anziehen sollt. Denn das Leben ist mehr als die Speise und der Leib mehr als die Kleidung. Betrachtet die Raben: Sie säen nicht und ernten nicht; sie haben weder Vorratskammer noch Scheune und Gott ernährt sie doch. Wie viel mehr wert seid ihr als die Vögel.»

Wenn ich Bauer wäre, würde ich mich über diese Bibelstelle zuerst einmal gründlich ärgern. Denn wie erhält Gott die Raben? Er erhält sie, indem die Raben schwarmweise über seine Felder herfallen und alles auffressen.

Jesus predigte zu Menschen, die weder Vorratskammern noch Scheunen hatten und oft hungrig zu Bett gingen – wenn sie denn überhaupt eines hatten. Für viele war der Mantel, den sie am Tag trugen, die Bettdecke, in die sie sich nachts hüllten. Jesus will sicher weder diesen vielen ganz Armen, noch denjenigen, die es gerade bis zum Existenzminimum schafften, noch den wenigen reichen Zuhörern sagen, dass sie nicht säen und ernten sollen. Und er will auch nicht sagen, dass wir keine Vorratskammern oder Scheunen haben sollen. Aber er will den 2 Prozent, die mehr besitzen als die übrigen 98 Prozent, sagen, dass sie eine Verantwortung haben. Mit Gottes Hilfe können sie sich dieser Verantwortung stellen. Und den Hungernden will er Mut machen, dass der, welcher sogar für die Raben sorgt, an die seltsamen Vögel namens Menschen denkt. Jesus ist Jude. Er spricht von demjenigen Gott, der zwar vielleicht sehr lange gewartet hat, bis er Israel aus der ägyptischen Sklaverei befreit hat, *der es aber getan hat.* Dass die Befreiung stattgefunden hat, feiern die Juden jedes Jahr mit dem Passahfest. Aus dem jüdischen Passah ist bei uns das Abendmahl geworden. Wir Christen glauben *nicht* an einen Gott, der im Himmel sitzt und spricht: «Hokuspokus, Welt, sei anders!» In der Versuchungsgeschichte weigerte Jesus sich, aus den Steinen Brot zu zaubern. Er ist kein Zauberer. *Wir glauben an einen Gott, der in Christus mitten in das menschliche Elend hineinsteigt, ermordet wird, aber aufersteht. Mit der Auferstehung ist er stärker als Brotlosigkeit, Tod und Verderben.* Und dieser Gott lädt uns nicht nur ein, seine Mitarbeiter zu sein. Er nennt uns seine Kinder und seine Freunde. Christus zeigt auf die krächzenden Raben und sagt: «Wenn Gott für die Raben sorgt, wie viel mehr will Er das bei *den sehr seltsamen Vögeln*, seinen Menschenkindern und nächsten Freunden, tun. Setzt euer Vertrauen auf diesen Gott.»

Diese Corona-Karfreitagsgedanken habe ich in die mir in der Nachbarschaft noch offenstehenden Briefkästen gelegt, zusammen mit einer kleinen Karfreitagsliturgie. Am Karfreitag wollen wir nicht auf die Laubengänge hinaustreten, sondern ganz still hinter verschlossenen Türen verweilen, gleichsam wie in einem Grab, das dann zu Ostern aufgesprengt werden wird, sodass wir dann die Haustüren öffnen und in «physical distance» die Auferstehung Jesu und unsere eigene Auferstehung feiern werden.

# Türen

*Kein Leben ohne Türen*

*Eingangstüren, Ausgangstüren*

*Durchgangstüren, Hintertüren*

*Haustüren, Zimmertüren*

*WC-Türen, Bürotüren*

*Ladentüren, Stalltüren*

*Schranktüren, Ofentüren*

*Autotüren, Gefängnistüren*


*Herzenstüren*

*Offene Türen, verschlossene Türen*

*Türen sanft öffnen*

*Türen zuschlagen*

*Türen aufbrechen*

*Vor die Türe setzen*


*Wer wälzt uns den Stein von des Grabes Tür?*

*Der Ausgang aus dem Mutterleib*

*der Eingang in das Leben*

*Der Ausgang aus dem Leib*

*der Eingang in den Geist des Lebens*

*Der Herr behüte deinen Ausgang und deinen Eingang*

*jetzt und in alle Ewigkeit.*

# Ostern

Corona ist absurd. Im November verzehrt ein Hungriger auf einem chinesischen Wildtiermarkt eine Fledermaussuppe, im März sind deswegen Millionen arbeitslos und ganze Länder stehen unter Quarantäne. Der Papst segnet auf einem menschenleeren Petersplatz Urbi et Orbi, die menschenleere Stadt Rom und den ganzen Erdkreis. Alles, was normal war, bricht zusammen. Und das wegen einer Fledermaussuppe! – Absurd!

Absurd ist der Karfreitag. Keinem normalen Menschen würde es in den Sinn kommen, einen kleinen zierlichen Galgen am Hals zu tragen, oder ein niedliches goldenes Gaskämmerchen. Erst nach drei Jahrhunderten haben Christen angefangen, so etwas zu tun. Auf einmal war das Kreuz ein Symbol. Was heute Galgen und Gaskammern sind, war vor zweitausend Jahren das Kreuz. Das Kreuz ist etwas völlig Absurdes! Menschen schreien zu Gott und Gott selber hängt ermordet am Kreuz! Das scheint absurd zu sein. Der Karfreitag wirft alles, was man doch glauben möchte, wenn man überhaupt noch glauben kann, über den Haufen. Karfreitag ist das Ende der Normalität.

Absurd ist Ostern. Wer im Gasofen vergast wird, kehrt nicht ins Leben zurück. Wer am Kreuz unter der Macht des römischen Reiches verreckt, kann nicht der Sieger über den Tod sein. Das wäre absurd. *Er ist aber tatsächlich doch der Sieger über den Tod.* Das ist so absurd, dass man den Osterhasen erfindet, der Eier bemalt. Beim Osterhasen braucht man nicht an den Auferstandenen zu denken, es sei denn, man denkt beim Zerbrechen des Eis an das Grab, das am Ostermorgen aufgebrochen wurde. (Ich mag übrigens Schoggiosterhasen und Ostereier.)

Wie nie zuvor in unserem Leben – jedenfalls in unserem gesicherten westeuropäischen Leben – zwingt Corona selbst den hintersten und letzten wohlbehüteten Europäer, an die Zerbrechlichkeit zu denken. Eine Welt, wie wir sie bislang gekannt hatten, versinkt vor unseren Augen. Das macht Angst.

Eine Frau, der wegen Schmerzen nichts anderes übrigblieb, als den Hausarzt aufzusuchen, war beim Arzt dermassen traurig, dass dieser die Erschütterte trotz Corona tröstend in die Arme nahm. Und die Frau fühlte sich seelisch sofort besser. Bewegt erzählte sie ihrem Mann von der Umarmung. Dieser wurde zuerst vor Schreck ganz blass und dann vor Wut zornesrot. «Wenn ich jetzt an Corona erkranke und sterbe, ist dieser verdammte Arzt schuld, der mit so vielen Kranken in Berührung kommt!», brüllte er.

Corona deckt auf, dass wir Angst haben. Letzten Endes ist es die Todesangst.

Zum ersten Mal seit zweitausend Jahren kann auf der ganzen Welt kein einziger Mensch in den Gottesdienst einer Kirche gehen. Eindrücklicher als normalerweise in jedem noch so wunderbaren Ostergottesdienst schreit uns durch die leeren Kirchen, über den leeren Petersplatz und durch das leere Jerusalem Ostern in die Herzen:

*Werft euch dem Leben in die Arme!*
*Christus ist auferstanden!*

Auch diese Gedanken habe ich mit der Osterliturgie in die erlaubten Briefkästen gesteckt.

Feste Bestandteile in unserer kurzen Laubengangliturgie sind immer das Vaterunser, das gesungene Bonhoeffer-Gebet und der Segen auf Hebräisch und Deutsch für das ganze Haus sowie das Dankesklatschen für das medizinische Personal für seinen Einsatz in der Coronakrise. Beim Dankesklatschen denken wir auf Wunsch meiner Frau immer auch an die Spitex-Hauspflege, die ihre Einsatzzentrale in unserer Alterssiedlung hat.

Das Bonhoeffer-Gebet lautet:

*Von guten Mächten wunderbar geborgen*
*erwarten wir getrost, was kommen mag.*
*Gott ist mit uns am Abend und am Morgen*
*und ganz gewiss an jedem neuen Tag.*

Nebst diesen festen Bestandteilen können wir an bestimmten Sonntagen Variationen einbauen. Am Ostermorgen haben wir einen Auferstehungsjubel gesungen. Ganz am Schluss haben wir gemeinsam Ostereier getütscht. Da wir uns einander nicht nähern dürfen, haben das im eigentlichen Sinn nur die Ehepaare getan, Einzelpersonen habe auf das Geländer getütscht. Aber wir haben bewusst daran gedacht, dass aus einem Ei nur dann Leben kommt, wenn es zerbricht. Wir haben jedes Ei bewusst als Grab genommen, aus welchem der Auferstandene herauskommt.

Nachdem wir Haus und Spital und Spitex gesegnet hatten, hörte ich, wie sich ein Fenster schloss. Es gibt also Nachbarn, welche an unserem Haustürgebet teilnehmen, ohne sichtbar zu werden. Vermutlich würden bei einem gewöhnlichen Klatschen, das nicht von einem Pfarrer oder wenigstens von einem stilleren Pfarrer inszeniert würde, mehr Nachbarn mitmachen als bei mir, der ich es wage, nicht nur in der Kirche, sondern auf einem Balkon oder vor der Haustür ein Vaterunser sprechen zu lassen. Meine Strassenkinder in Peru teilen mir mit, dass in ihrer Stadt Cusco die Polizisten, die dafür sorgen, dass die Leute in ihren Häusern bleiben, auf den Strassen und Plätzen öffentlich niederknien und ganz selbstverständlich ein *Padre nuestro* und ein *Ave Maria* beten. Aber hier sind wir in der Schweiz. In der Schweiz ausserhalb der Kirche oder ausserhalb des Schlafzimmers ein Vaterunser zu beten, ist wie nackt vor die Haustür zu treten. Wahrscheinlich hätte es der Priester aus einem der Gedichte des norwegischen Dichters Knut Odegard in unserer Alterssiedlung leichter. Ich habe den norwegischen Dichter letztes Jahr in Island kennengelernt, als ich Catherine Maria Stankiewicz, die isländische Patentochter meiner Frau mit Wurzeln in Muri/Gümligen, trauen durfte. Knut Odegard ist der Onkel von Catherine Maria. Er hat ein Gedicht geschrieben mit dem Titel «Der Priester». Ich habe dieses Gedicht aus dem Englischen auf Deutsch übersetzt:

# Der Priester

von Knut Odegard


*Er war bereits ein reifer Mann – Elektriker*

*Als Gott ihn rief*

*Als Student tat er sich schwer*

*Über den Büchern meist er schlief*

*Hebräisch, Griechisch und Latein*

*War'n ihm grosse Pein*


*Von der Kanzel und vom Altar*

*Blickt er auf eine leider kleine Schar*


*Hausbesuche waren eher seine Stärke*

*Er hängte Lampen an die Decke*

*Schraubt' Glühbirnen ein*

*Liess toten Strom munter wieder fliessen*


*In der Kirche hatte seine Predigt kein Gewicht*

*Doch in den Häusern, da ward Licht.*


Dieser Priester bin ich nicht. Ich kann keine Lampen aufhängen, kaum richtig einen Nagel einschlagen. Aber ich kann kochen, nicht nur meine berühmten Konfitüren. Ich kann Mahlzeiten kochen und backen, und ich kann dichten. Hier zwei Gedichte über Bäume:

# Der Wurzelbaum

*Fest und stark der Baum, der selbst im Sturm laut singt*
*In den Blättern seiner Krone*
*Die Sonne spielt und blinkt*

*Damit der Baum auch feste throne*
*Hält ihn die Wurzel sicher*
*Sie gibt ihm Halt und Kraft*
*Aus verborg'nem Wasserspeicher*
*Schöpft sie ihm Lebenskraft*

*In den starken Ästen herrschen Jubel und Gezwitscher*
*In der Hitze lädt des Baumes Schatten*
*Die Müden ein und auch die Matten*
*Damit sie sich bei ihm erfrischen*

*Mensch, sei auch du ein Baum mit Wurzeln*
*Damit du nicht halt- und sinnlos durch das Leben purzelst*
*Geh in die Stille, in die Verborgenheit der Seele*
*Damit im Sturm die Kraft nicht fehle.*
*Dann werden Gedanken voller Liebe und Vertrauen*
*wie Vögel dir die Nester bauen.*
*Drum sei ein Wurzelbaum*
*Kein Purzelbaum*

## Gespräch mit einem Baum

*Der Mensch kann Bäume fällen*

*um Häuser zu bauen*

*um sich an einem Feuer zu wärmen*

*um Speise zu kochen*

*um sich zu nähren*

*Der Mensch kann Bäume fällen*

*und Vögel verlieren ihre Nester*

*Insekten sterben*

*der Boden erodiert*

*die grüne Lunge ist tot*

*Der Mensch kann Urteile fällen*

*über andere Menschen oder über Gott*

*um frei zu werden*

*um atmen zu können*

*um eigene Wege zu gehen*

*Der Mensch kann Urteile fällen*

*über andere Menschen oder über Gott*

*und er verliert die Geborgenheit*

*der Seinsgrund erodiert*

*Geistige Not*

*Seelischer Tod*

# Angst

Corona macht Angst, auch uns Alten. Angst vor dem Tod? Natürlich könnte es uns Alte treffen, sodass wir sterben müssten. Aber wir Alte sterben ja ohnehin bald einmal. Also müssten wir nicht noch mehr Angst haben, als wir ohnehin schon haben. Würden wir «gekrönt» (Corona heisst Krone), wäre es jedenfalls ein schneller Tod und nicht ein monatelanges Sterben an Krebs. Vor was also haben wir Angst? *Es ist eine Tatsache, dass wir das Leben nicht im Griff haben. Wir werden brutal aus unseren Alles-geht-und-alles-ist-machbar-Phantasien herausgerissen. Die Coronakrise weckt die Angst, dass alles ganz anders sein könnte, als wir bisher gemeint hatten.* Viele – gerade auch unter den Alten – meinen, dass mit dem Tod alles aus sei. *Tot ist tot,* das begegnet mir bei vielen Alten. Und jetzt ist durch Corona alles ganz anders, als wir gemeint hatten. Vielleicht ist mit dem Tod nicht alles aus. Die Ungewissheit macht viele alte Leute aggressiv. Es gibt eben nicht nur die Weisheit und die Gelassenheit des Alters. Es gibt tatsächlich auch die aggressiven Alten. Und sie sind keine seltene Erscheinung. Natürlich waren diese Alten schon vor der Coronakrise aggressiv. Sie werden schon wütend, wenn sie im Tram junge Menschen lachen und schwatzen hören, weil sie selber nicht mehr jung sind. Aber in der Coronakrise werden unzufriedene Alte doppelt aggressiv. Corona macht ihnen Angst.

Gute Geschichten können die Angst auflösen. Ich habe unseren Kindern vor dem Einschlafen Geschichten erzählt. Nach Geschichten und Gebet schliefen unsere Jungs immer ohne Angst ein. Man musste nie ein Licht brennen lassen oder die Türe offenhalten.

Bei Ajahn Brahm habe ich eine Geschichte gelesen, die am thailändischen Fernsehen ausgestrahlt wurde.

Ein sehr junges Mönchlein – ein buddhistisches Mönchlein natürlich –, eigentlich noch ein Bub, stand vor seiner Primiz, d.h. vor seinem endgültigen Eintritt ins Kloster. Der Abt führte das

Mönchlein in einen Raum, der sonst verschlossen war. In dem Raum befand sich eine Art Schwimmbecken, doch es war alles andere als ein Schwimmbecken. «Komm dem Becken nicht zu nah», warnte der Abt, «es ist mit Säure gefüllt.» Die Fernsehzuschauer sahen, wie das Mönchlein sich dem Rand des Beckens mit äusserster Vorsicht näherte. Ein schmales Brett, dünn wie ein Seil, war über das Becken gelegt. «Über dieses dünne Brett müssen die Mönche am Tag ihrer Primiz laufen. Wenn sie abstürzen, ist es aus mit ihnen.» Die Zuschauer sahen auf dem Grund des Beckens zahlreiche blanke Knochen liegen. Der Abt legte dem Mönchlein beruhigend die Hand auf die Schulter. «Du hast zwei Wochen Zeit, im Hof auf einem ähnlichen Brett zu üben.»

Die Fernsehkamera schwenkte auf den Hof. Zwei Holzpflöcke waren durch ein entsprechendes dünnes Brett miteinander verbunden. Es war eine recht schwankende Angelegenheit. Die Fernsehzuschauer konnten beobachten, wie das Mönchlein übte, anfänglich zwar vom Brett fiel, aber immer weiter übte. Mit jedem Tag ging es besser; schliesslich schaffte es den Gang über das schwankende Brett sogar mit verbundenen Augen.

Der Tag der Primiz kam. Jetzt galt es ernst. Man konnte unschwer erkennen, dass das Mönchlein Angst hatte. Doch der Bub wollte das Wagnis auf sich nehmen. Atemlos sahen die Zuschauer, wie das Mönchlein mit zitternden Beinen das schwankende Brett betrat. Ein Schritt, ein Schwanken, ein zweiter und ein dritter Schritt, noch stärkeres Schwanken. Das Mönchlein blickte in die Tiefe. Es sah die blanken Knochen, von der Stirn rann ihm der Angstschweiss in die Augen. Mit einem Schrei griff der Bub sich an die Brust und ... «Wir machen eine kurze Reklamepause», meldete das Fernsehen.

Den Zuschauern klopfte das Herz. Betreten blickten sie einander an. War diese Reklamepause wirklich nötig?

Endlich waren die Bettwaren, Kleidereinigungsmittel und flotten Autos zur Genüge gezeigt. Die Kamera schwenkte genau in dem

Augenblick zurück in den Klosterraum mit dem Becken, als das Mönchlein tatsächlich abstürzte. Prustend tauchte es wieder auf. Am Rand des Beckens lachten die Mönche und hiessen den Neuen willkommen. In dem Becken war gewöhnliches Wasser gewesen.

«Wir Mönche wollen den Menschen zeigen, wie verhängnisvoll die Angst vor der ungewissen Zukunft ist und was für Auswirkungen die Angst hat», erklärte der Abt, «doch das können wir nur, wenn wir Mönche selber angstfrei in die Zukunft blicken. Ein Kloster ist ein Angsttherapiezentrum.»

Corona macht Angst. Viele Menschen, die jetzt arbeitslos werden oder deren Geschäfte ruiniert sind, doch selbst Eheleute und ganze Familien sind durch die Coronakrise auf das dünne Brett gestellt worden. Es kommt ihnen vor, als müssten sie über ein Becken mit Säure balancieren. Sie fürchten den Absturz.

Es gibt in der Bibel ähnliche Geschichten wie diejenige von dem thailändischen Mönchlein. Eine dieser Geschichten ist meine persönliche Lebensgeschichte: Die Jünger Jesu sitzen in einem Boot – ohne Jesus. Und das Schiff gerät in einen furchtbaren Sturm.

Ich spielte die Sturmgeschichte mit meinen Kindern im Bett lustvoll nach. Im Bett kann man ein Boot heftig schaukeln lassen. Und die bewegte Bettdecke wirft hohe Wellen, die ins Boot schlagen. Meine Jungs spielten mit. «Wir ertrinken!», schrien sie. Und auf einmal wird es noch schlimmer. Auf den Wellen taucht diese weisse Gestalt auf. Ein Gespenst!!!! Doch dann dringt durch das Heulen des Sturmwinds und das Tosen der Wellen eine göttliche Stimme: «Habt keine Angst – ich bin's.»

Petrus gibt sich einen Ruck. «Wenn du's bist, so heisse mich aus dem Boot aussteigen und zu dir auf die Wellen kommen.»

«Wag es! Steig aus! Komm!»

Petrus wagt es. Er steigt über den Bootsrand. Er tritt auf die Wellen. Es scheint zu gehen. Gar nicht so übel. Man muss nur den Mut zum Neuen haben. Aber schon ist sie wieder da, die Angst. Und Petrus versinkt. – Angst! Todesangst! Lebensangst! Existenzangst! Die Wellen schlagen über Petrus, aber auch über dem Corona-Verängstigten, zusammen. «Das war's dann wohl. *Tschüss!*» Doch da ergreifen Petrus starke Arme. Es erfolgt ein völlig unerwartetes *Tschüss.*

*Tschüss* wurde durch die Hugenotten, die ein dramatisches Aus-dem-Boot-Aussteigen erlebt hatten, nach Norddeutschland gebracht. In Norddeutschland veränderte sich das hugenottische *Adieu, altes Boot, à Dieu vieille France,* zunächst in *adjus* und schliesslich in *tschüss,* und bedeutet eigentlich: *Gott umarmt dich, wenn du versinkst.*

Ich war im Alter des buddhistischen Mönchleins, als ich mich von Gott berufen fühlte, Pfarrer zu werden. Und wie das Mönchlein hatte ich Angst, grosse Angst. Ich war gerade mal zwölf Jahre alt. In meiner Angst griff ich nach der Kinderbibel und schaute mir die Geschichte von Petrus an, der im Sturm aus dem Boot steigt. Und nachts habe ich diese Geschichte sogar geträumt. Ohne diese Geschichte wäre ich nie Pfarrer geworden.

Ich bin als Pfarrer mehrmals aus dem Boot gestiegen. Und bald werde ich zum letzten Mal aus dem Boot steigen, aus meinem alten Körper. Ich werde versinken. Aber es werden mich starke Arme ergreifen. Darum heisst eines der Bücher, die ich im hohen Alter geschrieben habe:

*Ich freue mich auf meine Beerdigung – ich werde dabei sein*


Tschüss!

# Aus Essig Wein machen

Heute traf ein gemeinsamer Brief der politischen Gemeinde und der Kirchgemeinde Muri/Gümligen ein, ein Brief an die älteren Bewohner der Gemeinde, welche in der Coronazeit Wohnung und Haus nicht verlassen sollen. Der Brief enthält viele gute Vorschläge, wie Leute, denen allmählich die Decke auf den Kopf fällt, den Alltag sinnvoll gestalten können. Einer der Vorschläge lautet: «Bleiben Sie zu Hause und backen Sie Brot.» Natürlich muss man Mehl und Hefe kommen lassen, aber dann ist man beschäftigt, wird kreativ und bäckt Brot. Das mache ich oft und gerne auch ohne Coronakrise. Aber ich habe da noch einen anderen, ähnlichen Vorschlag: «Bleiben Sie zu Hause und machen Sie aus Essig Wein.»

Wie macht man aus Essig Wein?

Das Umgekehrte ist sehr leicht. Dazu braucht es keine besondere Arbeit, man muss den Wein nur lange genug herumstehen lassen und schon verwandelt er sich in Essig. Aus Essig Wein zu machen ist zwar bedeutend schwieriger, aber wir haben ja jetzt Zeit – Coronazeit. Nur woher den vielen Essig nehmen, um ihn in guten Wein zu verwandeln?

Essig haben wir im Augenblick landauf landab jede Menge zur Verfügung.

Was rufen wir, wenn uns etwas nicht passt: «Scheisse! Shit! So ein Mist! Ich habe Seich gemacht! Das ist Essig!» Was sagen wir, wenn wir in der Coronazeit nicht einkaufen gehen dürfen, weder Konzerte noch Theater oder Museen besuchen und auch nicht mit dem GA herumreisen können? Wir sagen: «Scheisse, wir sind eingesperrt!»

Da haben wir ihn, den Scheissessig. Was ich von der Verwandlung von Essig sagen will, könnte ich ebenso gut von Mist und Scheisse sagen. Denn über die Äcker ausgebreitet bewirken Mist und Scheisse grossen Segen. Für die Leserinnen und Leser würde es allerdings allmählich peinlich werden, dauernd mit fäkalen Ausdrücken konfrontiert zu werden. Also spreche ich lieber von Essig als von Scheisse.

Jeder Mensch erlebt in seinem Leben mehrmals Essig. Es gibt Menschen, die geradezu im Essig geboren wurden und kaum je etwas anderes als Essig erlebt haben, aber sie haben aus dem Essig Wein gemacht. Andere hat man von früher Kindheit an regelmässig in *grand cru* gebadet. Sie besuchten die besten Schulen, durften studieren, aber haben aus ihrem Grand-cru-Leben Essig gemacht. Sie müssen nicht unbedingt in den Drogen landen, aber sie waren ein Leben lang unzufrieden und sauer. Man braucht nur alte Leute anzuschauen. Einige haben, selbst wenn sie braungebrannt auf ihren Rennvelos durch die Landschaft brausen, Abwärtsmundwinkel, als ob sie dauernd das Abwärtswort «Essig» aussprechen würden; von ihrer negativen Augensprache gar nicht zu reden. Andere, die mühsam mit ihrem Rollator daherkommen, haben gütig lächelnde Augen und nach oben gerichtete Mundwinkel, als ob sie das Wort «Wein» aussprechen würden. Natürlich gibt es auch das Umgekehrte: neunzigjährige Radfahrer mit Aufwärtsmundwinkeln und siebzigjährige Rollatorgänger mit Essigmundwinkeln.

Für die Bibel ist das Leben ein von Gott geschenktes Fest, wunderschön beschrieben in der Geschichte von der Hochzeit zu Kana (Joh. 2,1-11). Es sind viele fröhliche Gäste da und sehr viel Wein. Dass das Lebensfest ein Geschenk Gottes ist, wird durch die Gegenwart Christi ausgedrückt, der an der Hochzeit von Kana dabei ist. Aber irgendeinmal im Leben geht der Wein aus. Maria ist die erste, die das merkt. Maria steht für diejenigen Menschen, die, wenn sie in Not sind, zu Gott gehen. Sie steht für die betenden Menschen. Sie sagt zu Jesus: «Sie haben keinen Wein.» Sie bekommt ein schallendes Nein. Grauenhaft. Jesus sagt zu seiner Mutter: «Weib, was habe ich mit dir zu schaffen?» Es ist eine Gebetserfahrung, dass oft zuerst ein Nein kommt. Man muss nicht Christ sein, um so etwas zu erleben. Die Atheisten kennen das auch. Anstatt Gott sagen sie Leben. Sie erwarten vom Leben Grosses, und das Leben sagt: Nein!

Als treue Beterin lässt Maria sich nicht abschrecken. Sie sagt: «Was er euch sagen wird, das tut.» In der Geschichte ist von sechs steinernen Wasserkrügen die Rede, riesengross, aus hartem Stein. Sechs ist die Zahl der Unvollkommenheit. Vollkommenheit ist die Zahl sieben. Es stehen nicht sieben Krüge da, sondern sechs, und sie sind gross und schwer. Wie vieles im Leben – unvollkommen, gross und schwer. Jesus sagt: «Füllt diese furchtbaren Krüge mit etwas, das auch furchtbar ist; füllt sie mit Essig.» In Kana hat er zwar nicht Essig gesagt, aber etwas Entsprechendes. Er hat gesagt: «Füllt diese grauenhaften schweren Krüge mit Abwaschwasser.» (Im Johannesevangelium steht, dass es Krüge gemäss dem Reinigungsbrauch waren, also nicht Trinkwasserkrüge.)

*Füllt die Krüge mit Abwaschwasser* will sagen: *Nehmt den Mist in eurem Leben, die ganze Scheisse, das Abwaschwasser, den Essig; es soll Wein daraus werden.*

Das ist das Geheimnis christlicher Seelsorge. Ich habe eng mit einem Psychiater der C.G.-Jung-Schule zusammengearbeitet. (Mit einem Psychiater aus der Sigmund-Freud-Schule geht das nicht.) Oft musste ich meine Seelsorgeleute zu meinem Psychiater-Freund schicken, weil er ihnen aus seinem Beruf und seiner Berufung weiterhelfen musste. Doch ebenso oft schickte er seine Patientinnen und Patienten zu mir, weil spirituelle Hilfe nötig war und mein Beruf und meine Berufung gefordert waren. Es konnte vorkommen, dass wir gemeinsam mit einem Mann oder einer Frau in psychischen Schwierigkeiten beteten. Aus Essig Wein zu machen ist nicht einfach. Oft war eine körperliche Berührung nötig. Und das hat der Psychiater nie ohne kirchliche Hilfe gemacht. Die Kirche hat Rituale der Berührung: Handauflegung, Berührung mit Salböl, eine Friedensumarmung.

Gute Berührungen sind heilend. Schwerkranken und Sterbenden habe ich immer die Hand gehalten.

Die Coronakrise macht uns erfinderisch. Man kann virtuell miteinander kochen, virtuell miteinander essen, virtuell miteinander musizieren, virtuell miteinander beten. Das ist wunderbar – aber es ersetzt nie die persönliche Berührung. Ich habe in diesen Tagen den Bericht einer Hebamme gelesen. Sie hat eine Frau von Zwillingen entbunden; eine Frühgeburt. Der eine Zwilling war gesund und stark, der andere sehr schwach. Als Frühgeburten kamen beide in einen Inkubator. Der schwache Säugling wurde immer schwächer. Da tat die Hebamme etwas Verbotenes: Sie legte das schwache Kleinkind in den Inkubator zu dem starken Kind. Die Ärztinnen und Ärzte staunten: Der starke Zwilling legte ein Ärmchen um das schwache Brüderchen und dieses erstarkte zusehends. *Berührung kann Essig in Wein verwandeln.*

Man kann vieles verwandeln. Ich bin bekannt als der Konfitürenpfarrer. Ich erlebe bis auf den heutigen Tag immer wieder, dass sich Konfitüren in Betten, Kleider, Speise und Ausbildung verwandeln. Ich stelle Konfitüren her mit teils abenteuerlichen Mischungen, die man sonst nirgendwo kaufen kann. Auf den Töpfchen gibt es lustige Bilder und Sprüche. Ich gehe altersbedingt nur noch selten mit meinen Konfitüren auf den Markt, aber ich verkaufe sie nach wie vor von zu Hause aus. Der Erlös geht zugunsten meiner Strassenkinder und ergibt dann die Betten, die Kleider, die Speise für die Kinder.

Meine Strassenkinder sind normalerweise keine Waisenkinder. Sie haben einen Erzeuger, falls sie diesen je gesehen haben, und sie sind aus dem Mutterleib von sehr problematischen Frauen gekommen. Sie lebten auf engstem Raum mit saufenden Erwachsenen, Stiefvätern, Müttern, Grosseltern, Onkeln und Tanten. Sie wurden zum Stehlen und zur Prostitution auf die Strasse geschickt, um Saufgeld für die Erwachsenen nach Hause zu bringen. Viele brechen von zu Hause aus und leben auf der Strasse. Edgar wurde von einem Mann vergewaltigt. Um sicher zu sein, dass der Bub ihn nicht anzeigen könne, steckte der Vergewaltiger das Kind in einen Plastiksack und warf den Sack in den Fluss. Ein

Passant sah den vollen Sack dahintreiben. In der Hoffnung, in dem Sack etwas Brauchbares zu finden, schnappte er den Sack und fand das Kind. Edgar schlich sich zu seiner Gebärerin zurück, entriss ihr sein kleines Brüderchen, das er sehr liebte, und brachte es in das Strassenkinderheim. Dem Brüderchen sollte ein Schicksal wie dasjenige seines älteren Bruders erspart bleiben. Die Behörden waren einverstanden, gleich beide Buben im Heim zu belassen. Edgar vermied jede körperliche Nähe mit Ausnahme der Berührung durch sein Brüderchen. Wenn jemand ein Essigkind war, dann auf jeden Fall Edgar. Edgar wollte mit der Hilfe Gottes Essig in Wein verwandeln. Ich nahm ihn mit ins Tauflager. Ich teilte ihm mit, dass ich ihn bei der Taufe nicht nur berühren, sondern nach dem Brauch peruanischer evangelischer Christen ganz ins Wasser tauchen würde – ihn, den man zu ertränken versucht hatte. Edgar versprach, er werde «berühren» üben. Das Land, auf dem wir zelteten, gehörte einem Bauern, der Pferde besass. Edgar ging zu den Pferden und übte Berührung. Er schmiegte sich an die Pferde. Nach der Pferdeübung liess er sich von anderen Kindern umarmen. Und schliesslich warf er sich mir schluchzend in die Arme. Er war bereit für die Taufe. Jedes Mal, wenn ich wieder nach Peru kam, gab es einen *abrazo del oso*, eine Bärenumarmung mit ganz besonders starkem Drücken. Für diese Kinder war und bin ich Papito, ihr Papi Marcel. Als Edgar und andere, Buben und Mädchen, grösser waren, lud ich sie als Papi manchmal in ein Restaurant zum Essen ein oder ging mit ihnen ins Theater. Edgar ist heute Bauer mit Frau und Kind, Hugo ist Jurist, Davis ist Kunstmaler und Psychologe, Percy hat eine Hotelfachschule absolviert. Aus ihrem Essig ist ein guter Wein geworden.

In der Coronaepidemie-Umklammerung, in der Langweile des Kaum-recht-aus-dem-Haus-Gehens, in der Angst des Absurden steigt bei manchem allerlei Essig aus der Tiefe der Seele. Man hätte jetzt viel Zeit, daraus Wein werden zu lassen. Man hätte jetzt Zeit, sich durch den Essig hindurchzubeten oder hindurchzumeditieren. Und wer weder beten noch meditieren kann, könnte es jetzt lernen.

Ein Gedicht, in welchem Essig in Wein verwandelt wird, ist die

## Ballade von dem dummen Kind

*Sind das der Knaben alle?, fragt Samuel*

*Vater Isai schüttelt schnell*

*den Kopf – nein, nein.*

*Hier sind der Söhne nur die tüchtigen,*

*die du gebrauchen kannst.*

*Der Jüngste ist, wie du sehr wohl vernahmst,*

*nur zu gebrauchen bei den Schafen;*

*bei ihnen kann er Laute spielen, träumen, schlafen.*

*Für gute Arbeit ist er zu dumm,*

*macht alles krumm.*

*Er ist ein Nichts und bleibt ein Nichts.*

*Der Vater spricht's*

*und geht davon.*

*Es schmerzt zu sehr der Gedanke an den dummen Sohn.*


*Gott im Himmel lacht:*

*Der kleine David ist eine Pracht.*

*Noch schläft sein Können und Talent*

*Doch sein Herz, fürwahr, für Gott es brennt.*

*Er wird im Nu erwachen*

*zu erstaunlichen Tatsachen.*

Isais tücht'ge Söhne ziehen in den Krieg.

Der dumme David bleibt bei seinen Schafen, macht Musik.

Die Mutter bäckt emsig für die Kriegersöhne Brote.

David, sei du der Überbringerbote.

Deine Brüder haben Hunger.

Brot und Käse bringen kann selbst ein Dummer.


Der Dumme kommt ins Kampfgebiet.

Die Philister, die sind unbesiegt.

Sie haben einen Riesen namens Goliath,

eine psychologische Kriegsmaschine von Format,

ein starker Eisenpanzer, der Angst einjagt.

Wer wagt es, gegen mich, den Starken, anzutreten?

Ich werde ihn zu Brei zerkneten.

Haha Hähä Hoho.

Gegen euren Jahwe-Gott siegt unser Gott Ba-al ja sowieso.

Die Israeliten klagen bang: Huhuuuuuh,

Kopf in den Sand, die Augen zu.


Dumm, wie David halt nun einmal ist,

er die Kinderschleuder hisst.

Ein Stein kommt angezischt,

trifft den Riesen ins Gesicht.

Und Polter Polter Pumm

fällt die Kriegsmaschine um.

David packt schnell das Schwert des grossen Mauls,

macht mit Wucht ihm den Garaus,

hält triumphierend hoch den abgeschlag'nen Kopf.

Du armer Tropf,

du toter Bösewicht,

mit meinem Gott man spottet nicht!


Die feindliche Armee,

oh Schreck, oh je,

flieht schleunigst über Stock und Stein und Klee.

Und Israels König Saul ruft eifrig:

Es lebe lang David


Sauls Sohn, der kluge Jonathan,

ist dem Jungen herzlich zugetan.

Er sieht in ihm die schlummernde Begabung, sein Talent, die Fähig-
keit.

Diese wachzulieben, dazu ist der Königsohn bereit.

David lernt lesen, schreiben, Kriegerkunst und Politik.

Er ist auf einmal sehr geschickt.

Jonathan ist ihm sein ein und alles.

Die Freundschaft beider ist etwas Spezielles.


König Saul sieht das mit Grimm:

*Er benimmt sich schlimm,*

*wirft mit seinem Speer nach David, diesem Gottesmann,*

*der mit Gesang und Harfenklang*

*versucht des Königs Schwermut zu verjagen,*

*den Eifersucht und Missmut plagen.*


*Und wiederum herrscht Krieg im Land.*

*Getroffen von des Feindes Hand*

*sterben beide, Vater Saul und Jonathan.*

*David fängt ganz laut zu weinen an:*

*O Jonathan, mein Jonathan!*

*Des Freundes Tod jedoch war Gottes Plan.*

*Auf Isais hochbegabten Sohn*

*wartet jetzt der Königsthron.*


*Drum merket, liebe Väter, Mütter, Lehrerinnen, Lehrer:*

*Das scheinbar dümmste eurer Kinder,*

*wachgeliebt, trägt vielleicht morgen schon*

*die wunderbarste Königskron'.*


Ich habe diese Ballade geschrieben im Gedanken an ein Strassenkind, das ursprünglich den unheimlichen Namen Lenin trug. Der kleine Lenin war ein sogenannt unbegabtes Kind. Aufgewachsen in einem Verbrechermilieu, stellte er sich bei allen ihm befohlenen Untaten ungeschickt an. Seine Mutter sagte immer wieder: «Nicht einmal richtig stehlen kannst du; du bist ein Nichts und bleibst ein Nichts.» Als wir Lenin aus dem Verbrechermilieu herausholten, wünschte er als Zeichen eines neuen Lebens, getauft zu werden. Er fragte mich: «Hast du mir einen Namen, der mir hilft, aus dem Nichts, das ich bin, ein guter, brauchbarer Mensch zu werden?» Und so gab ich ihm bei der Taufe den Namen David.

# Ein Corona-Briefwechsel

Lieber Peter,

Wie geht es Dir in dieser verrückten Coronazeit? Hast Du als Lungenarzt bei dieser Lungenepidemie ganz viel zu tun? Oder ist es genau umgekehrt: die Leute meiden die Arztpraxen, und Du musst Kurzarbeit beantragen? Ich selber bin im Augenblick wieder als Pfarrer gefragt – oder auch verwünscht. Jedenfalls stehe ich Sonntag für Sonntag auf dem Balkon und lade die Nachbarn zu einem dreiminütigen Event ein: ein Vaterunser und eine Liedstrophe: *Von guten Mächten wunderbar geborgen erwarten wir getrost, was kommen mag; Gott ist mit uns am Abend und am Morgen und ganz gewiss an jedem neuen Tag.* Drei Minuten gemeinsames vor Gott Stehen gibt viel Kraft. Nach dem Singen und Beten segnen wir das ganze Haus mit seinen Bewohnern sowie die Spitexleute, welche ihr Büro in unserem Gebäudekomplex haben. Den Segen spreche ich auf Hebräisch und Deutsch als Ausdruck, dass wir nicht nur eine Nachbarschaftsgemeinschaft sind, sondern zu einer Gemeinschaft aller Menschen aller Zeiten gehören. Ein Stück Ewigkeit leuchtet auf. Das wird Dich als Buddhist besonders interessieren. In dieser verrückten Zeit bist Du sicher froh, das Meditieren gelernt zu haben.

Mit frohem Gruss

Marcel

*Lieber Marcel*

*Oh, wie ich mich freue, von dir zu lesen. Ich dachte oft an dich, wie du wohl deine scharfe Feder zücken würdest, um dem Ungeist zur Osterzeit mit Passion entgegenzutreten. Und siehe da, ich wurde nicht enttäuscht. Wie immer eine Freude zu lesen.*

*Danke für deine Nachfrage. Therese und den Kindern geht es sehr gut. Mir geht es mittlerweile auch sehr gut. Es gab da etwas Ruckeln und Ächzen. Ich erzähle es dir bildhaft und nicht analytisch. Ist noch zu früh dafür.*

*Ich gehöre mit einem gerade in diesen Monaten aktiven Asthma und Bluthochdruck zur Risikogruppe und wurde nicht in die vorderste Front eingeteilt. Das hat mich anfangs etwas verärgert. Dann haben wir schon früh zum Schutz der Patienten und Mitarbeiterinnen die Praxisabläufe optimiert und Schutzmaterial bereitgestellt, als es das noch gab. Das war eine Übung für sich. Weiter habe ich emsig und unter unangenehmer Tätigkeit am Telefon alle geplanten Termine auf ihre Dringlichkeit geprüft und so nun jede Woche mehr Telefonate als Menschenkontakte erlebt. Ich hasse telefonieren mit Patienten. Die nächste Woche werden wir nun keinen einzigen Patienten in unserer Praxis sehen. Wow! Wir hatten Kurzarbeit vorangemeldet, es war alles fein säuberlich geregelt.*

*Trotzdem erwachte ich am Karfreitag in aller Herrgottsfrühe schweissnass und von ungewohnt bitteren Träumen geplagt. Ich ging mit einer warmen Tasse auf den Balkon. Die Sonne war noch nicht aufgegangen und es sinnierte nur so aus mir hinaus: Ich habe eben das liebevoll aufgebaute Pflänzchen unserer Praxis runtergefahren, auf Null. Etwas Einschneidendes ist passiert, ohne dass ich es richtig erfasst habe. Ich kenne die Entzugssymptome des Workaholic. Das ist anders. Ich dachte an das Pflänzchen, das wir runtergefahren hatten. Hatten wir es nun getötet oder nur zurückgeschnitten? Aber da ist noch etwas anderes, das Gefühl, dass wir etwas nicht genügend berücksichtigt hatten in den letzten Jahren. Wir bauen unser Leben und auch eine Praxis nicht auf. Wir setzen einen Samen. Dann verhalten wir uns in einer gewissen Weise und erleben ein Gedeihen. Warum etwas positiv gedeihen kann und anderes nicht, bleibt uns im Grunde unerklärlich. Es geschieht also nicht ohne unser Zutun, sicher. Aber da ist noch etwas anderes am Aufbau beteiligt. Wir verdrängen das gerne, weil unser Ego Freude hat, wenn wir ICH HABE sagen können. So leidet das Ego auch, wenn wir nicht mehr gebraucht zu werden scheinen, also eben nicht mehr ICH HABE sagen können. Aber abbrechen, runterfahren, allenfalls töten, das können wir gut. Das andere, das mitarbeiten tut, ist, was uns Mut macht, dass nie alles verloren ist.*

*Gestern dann, am Ostersonntag, habe ich viel geschrieben und wir hatten es als Familie gut. Ich muss dir gestehen, wir haben nicht viel an den eigentlichen Sinn der Ostern gedacht. Wir tun uns schwer mit der Religion und unserer Tradition. Wir tun uns ja aber auch schwer mit anderen Traditionen, wie etwa dem Buddhismus, den wir als Wohlfühlübung brauchten, sobald wir in ihre Tiefen sehen.*

*Plötzlich kommt unser Sohn mit dem Spruch Johannes 14,6: Jesus spricht zu ihm: Ich bin der Weg und die Wahrheit und das Leben; niemand kommt zum Vater denn durch mich. Weiss der .... ups .... da wollte ich gerade die Konkurrenz zitieren, weiss der Geier, wie er auf das kam. Aber jedenfalls hatten wir eine anregende Diskussion, wie schon lange nicht mehr. Es war eine harte Diskussion, welche dir vielleicht teilweise missfallen hätte. Denn dieser Ausspruch, ich kannte ihn nicht, Bibelkenntnis ist leider nicht meine Stärke, erinnerte mich an einen Werbespruch. Da vermarktet einer den einzigen wahren Weg. Nur mit unseren Honda Motorrädern bekommen Sie wahre Freiheit. Die Historiker unter uns hatten da einen Einwand: Waren das überhaupt die Worte Jesu? Oder war der Ausruf ganz anders zu verstehen? Sollte es am Ende heissen: Ohne die Wertvorstellungen, die ich empfehle, werdet ihr nie Frieden und Zufriedenheit finden. Oder versteht man besser das durch mich, das faire Leben und die Aufopferung für Gerechtigkeit bis zum Tod, als der Weg zu Gott?*

*Solche Dinge in einem hochweltlichen Haushalt. Am Ende waren wir uns und einem befriedenden Gefühl nähergekommen. Dem Gefühl, dass die Worte Bibel, Jesus, Gott, alle unsere religiösen Begriffe mit schlechten Gefühlen überladen sind, welche nicht mit deren Ursprung, sondern mit den Untaten zu tun haben, die in ihrem Namen begangen wurden. Das Fremde hingegen hat eine vermeintlich reine Weste. Buddha z. B. ist in unserem kulturellen Kontext unbelastet. Wir haben keine Tradition, keine Geschichte, die in diesem Wort mitschwingt.*

*Ich bin total glücklich, dass dies mein Karfreitag und unsere Ostern war. Heute Morgen bin ich mit etwas weintrüben (wir fasteten nicht) Augen aufgewacht und blickte ganz zuversichtlich und froh aus dem Fenster. Deine Mail hat mich noch mehr aufgestellt.*

*Entschuldige das etwas ungeordnet Schwatzhafte in dieser Mail. Die ist sehr spontan auf dem IPhone entstanden und wahrscheinlich voller Fehler.*

*Herzliche Grüsse, gute Gesundheit und in Vorfreude auf unser nächstes Treffen.*

*Peter*


Lieber Peter,

Für diesen Brief hätte ich Dich am liebsten umarmt, was man ja in der Coronazeit nicht darf, doch virtuell geht das wunderbar. Plötzlich ergeben sich Kontaktmöglichkeiten, die eigentlich in der Vergangenheit weit verbreitet waren, aber dann in Vergessenheit gerieten. Dein Brief ist ein österlicher Höhepunkt für mich. Deinen Sohn – nein deine ganze Familie – lass an meiner Umarmung teilhaben. Mach's doch bitte, und das natürlich nicht virtuell.

Der Wohlfühlbuddhist Peter wird zu einem bibelkritischen Christusfrager. Und als Buddhist stellst du die Frage, ob Christus wirklich gesagt hat: «Ich bin der Weg, die Wahrheit und das Leben; niemand kommt zum Vater denn durch mich.»

Wenn irgendjemand so etwas sagen würde, würde man sagen: «Der Mann ist verrückt. Was bildet der Kerl sich ein, wer er ist!» Für denjenigen, der das aufgeschrieben hat, ist Jesus Christus in der Tat der Weg, die Wahrheit und das Leben; niemand kommt zum Vater denn durch ihn. Was also muss dieser Jesus für eine Ausstrahlung gehabt haben, dass nicht wenige seiner Zeitgenossen das von ihm geglaubt haben. Dass die Werte, welche dieser Jesus aus dem jüdischen Glauben herauskristallisiert und hat leuchten lassen, der Weg, die Wahrheit und das Leben sind, leuchtet auch Dir als Wohlfühlbuddhist, als der Du Dich humorvoll bezeichnest, ein. Nur ein solches Leben ist echtes Leben. Aus anderen Texten wissen wir, dass Jesus den durch ihn geheilten Menschen ausdrücklich verboten hat, in solchen Tönen von ihm zu reden, aber sie konnten gar nicht anders und haben trotzdem so über ihn gesprochen. Sie haben ihn eben als das erlebt. Auch seine Feinde haben ihn als göttlich erlebt. Aus jüdischer Sicht war er deshalb ein Gotteslästerer, der sich selber zu Gott erhoben hatte. Nur als Messias, an dessen Kommen sie ja glaubten, hätten die Hohepriester an ihm keinen Anstoss genommen. Der Messias als der König Israels war ein römisches Problem; das war Hochverrat. Tempelwut und römische Politik reichten sich in einem gemeinsamen Mordanschlag die Hand. Die Worte Jesu sind erst nach den Auferstehungserfahrungen der Jüngerinnen und Jünger aufgeschrieben worden und sind von dieser Erfahrung geprägt worden. Laut 1. Kor. 15 bezeugten mehr als über fünfhundert Leute, dass sie eine Jesu-Auferstehungserfahrung gemacht hatten. Sie waren dem Lebendigen begegnet. Zu diesen über Fünfhundert gehörten auch die leiblichen Geschwister Jesu, welche vor der Auferstehung Jesu ihren Bruder für verrückt gehalten hatten. Die Auferstehungsenergie Jesu ist auch heute wirksam. Ich bewege mich seit meinem zwölften Lebensjahr in diesem Energiefeld. Ich befinde mich in Dauerumarmung mit Jesus Christus, umarme aber ab und zu auch Buddha, und Mohammed gebe ich immerhin die Hand.

Mit frohem Gruss und bis zur nächsten Mail.

Marcel

# Entzugsschmerzen

Auf unseren kurzen Spaziergängen in der ländlichen Umgebung, in der wir wohnen, begegnen wir kaum Menschen, die einander mit dem Coronavirus anstecken könnten. Der Weg führt der Tramlinie entlang in den Wald; auf der anderen Seite des Waldes donnern die Züge ins Oberland und nach Italien vorbei. Die Züge nach Italien fahren zurzeit nur bis in Wallis; nach Italien ist der Verkehr unterbrochen. Die meisten Züge, die an uns vorbeibrausen, sind leer. Wie es wohl den vielen Seniorinnen und Senioren gehen mag, die normalerweise mit ihrem GA fast täglich unterwegs sind? Das Corona-eingesperrt-Sein löst Entzugsschmerzen aus. Einigen fehlt bereits die Tramfahrt in die Stadt. Aber im Tram und in den Zügen könnte man sich anstecken. Und gesundheitliche Risikogruppen sowie die über Sechzigjährigen gehören abgesehen von Spaziergängen in einsamem Gelände bekanntlich ins Haus. Für diese Leute lasse ich jetzt zwei Geschichten folgen, die ich bereits vor längerer Zeit geschrieben habe. Die erste ist eine Tramgeschichte, die zweite eine Eisenbahngeschichte, die man zu Weihnachten seinen Lieben vorlesen könnte.

## Ds blaue Bähnli

inspiriert von *Dr schnäuscht Wäg nach Worb*

Ein deutscher Tourist und ein Berner begegnen sich wieder.

Der deutsche Tourist übernimmt beim Sprechen ab und zu ein schweizerdeutsches Wort; der Berner hält es ähnlich mit dem Hochdeutsch, mit starkem Berner Akzent.

Ort der Begegnung: Tramhaltestelle Bahnhof

Tourist: Verzeihung, welches ist der schnellste Weg zum Helvetiaplatz?

Berner: Ja weyt Dihr überhoupt zum Helvetiaplatz?

T     Ja selbstverständlich, sonst würde ich doch nicht nach dem Helvetiaplatz fragen.

B     Es könnte ja sein, dass Sie nach Worb möchten.

T     Sind Sie ein Prophet? Das ist unglaublich! Ich bin sprachlos!

B     Aber so schprachlos syt dihr doch gar nid, dihr redet ja gäng no.

T     Ich will damit sagen, dass ich erstaunt bin. Stellen Sie sich vor ...

B     René Balmer.

T     Stellen Sie sich vor ...

B     René Balmer.

T     Stellen Sie sich vor, ich will tatsächlich nach Worb. Wie können Sie das wissen? Aber was ist mit René Balmer? Warum sagen Sie dauernd René Balmer?

B    Ich heisse so.

T    Das ist ja gut, Herr Balmer, aber warum sagen Sie mir Ihren Namen?

B    Wöu Dihr gseit heyt: «Stellen Sie sich vor.» U s' wär aschtändig, we Dihr Euch o würdet vorschteue. Nach dryssgg Jahr wär's langsam a dr Zyt.

T    Na schön, Günter Bornmann ist mein Name.

B    Fröit mi.

T    Ganz meinerseits, Herr Balmer. Aber warum sagen Sie, dass es nach dryssgg Jahr langsam a dr Zyt wäre?

B    He wöu Dihr mi vor dryssgg Jahr am Helvetiaplatz nach em schnäuschte Wäg nach Worb heyt gfragt.

T    Donnerwetter, das waren Sie? Nach dreissig Jahren. Welch ein Gedächtnis! Ich komme aus dem Staunen nicht heraus!

B    Dihr heyt denn mit em Onnibus nach Worb wöue.

T    Und Sie haben mir gesagt, dass kein Omnibus nach Worb fährt, dass ich mit dem blauen Bähnli fahren muss. Und dann haben Sie so lange gequasselt, dass mir das blaue Bähnli vor der Nase weggefahren ist.

B    Itz isch's nech o grad wider abgfahre. Gseht-er's dert?

T    Ja, ich sehe es blaus Bähnli, aber das kann nicht das Worbbähnli sein; das hat seine Endhaltestelle am Helvetiaplatz.

B    Was heisst da: hat seine Endhaltestelle am Helvetiaplatz ...? Hatte, Herr Bornmann, hatte ... Nächär hett me d`Linie bis zum Zytglogge zoge. Dert gseht me geng no ds Schtumpengeleis, wöu's nid gnue Platz het für ne Kehrschleife. Es ist dennzumau hingertsy nach Worb gfahre.

| T | Hingertsy? |
|---|---|
| B | Ja, rückwärts. Es ist ein Anna-Bähnli. |
| T | Wieso denn Anna-Bähnli? |
| B | Weil man Anna von vorne und von hinten gleich liest. Ds blaue Bähnli fahrt so geng vorwärts, o we nes hingertsy fahrt. |
| T | Aber jetzt sind wir doch gar nicht am Zytglogge. Hat man die Linie bis Bahnhof verlängert? Und fährt es jetzt auch hingertsy, weil es hier nicht drehen kann? |
| B | Äs fahrt itz scho syt paar Jahr bis ids Fischermätteli. Dort kann es kehren. Früecher hey sy im Fischermätteli es Tram gha, es rots Tram. Itzt chame vo Worb diräkt ids Fischermätteli fahre u umgekehrt. Das isch gäbig. |
| T | Dann haben die Leute im Fischermätteli jetzt ein Bähnli anstatt ein Tram? |
| B | Nei, bis ids Fischermätteli isch das Bähnli es Tram u für nach Worb isch das Tram es Bähnli. Di-e im Fischermätteli hey ds Tram nid wöue ufgäh, u d'Worber hey ds Bähnli nid wöue ufgäh. |
| T | Aber ob Tram oder Bähnli, es ist doch für beide dasselbe Verkehrsmittel, nicht wahr? |
| B | Nid ganz, für ids Fischermätteli z'fahre tuet 's Bähnli lütte wi nes Tram, u vo Muri bis Worb pfyft ds Tram wi nes Bähnli – es Trambähnli. So sy beidi zfryde, di-e im Fischermätteli u di-e z'Worb. |
| T | Ich würde ja gerne mit Ihnen noch weiter über das pfeifende und klingelnde Bähnli diskutieren, aber hier kommt ja schon wieder mein Blaues. Ich will es nicht verpassen wie vor dreissig Jahren und steige ein. |
| B | Haut, ja nid ystyge, das isch nid ds blaue Bähnli. |

| | |
|---|---|
| T | Aber es ist doch blau. |
| B | Ja, scho, aber es isch kes Anna-Bähnli. Es isch hinger u vorne nid glych. |
| T | Also wenn ein blaues Bähnli hinten und vorn nicht gleich ist, fährt es nicht nach Worb. |
| B | Nei, de fahrt's nid nach Worb. Lueget doch, es isch ja mit Bümpliz agschrybe – u de no auf Hochdeutsch. |
| T | Bümpliz ist die hochdeutsche Schreibweise? Wie schreibt man denn Bümpliz auf schweizerdeutsch? |
| B | Mit P und TZ. Me seyt Pümplitz u schrybt wäge de Dütsche Bümpliz. So wi me z'Bärn Chäsiz seyt u wäge de Dütsche Kehrsatz schrybt. I chönnt Euch no viu verzelle vo Schwyzerdütsch u Hochdütsch, aber itz isch Eues blaue Bähnli grad aachoh u Dihr sötet yschtyge. |
| T | In dieses Bähnli werde ich bestimmt nicht yschtige. Ich bin ja nicht farbenblind. Dieses Bähnli ist ja gar nicht blau, es ist rot. |
| B | Schtimmt nid ganz, es gseht zwar rot us, aber es isch trotzdem ds blaue Bähnli. |
| T | Ihr Schweizer seid total übergeschnappt, dass bei Euch rot blau ist. |
| B | Nid übergschnappter als die Dütsche. By Euch isch es o so. |
| T | Keineswegs, bei uns ist rot rot und blau blau. |
| B | I cha Euch bewyse, dass es ds Dütschland genauso unlogisch isch. Syt Dir ghürate? |
| T | Ja, ich bin verheiratet, nicht geschieden, nicht verwitwet, und ich lebe auch nicht im Konkubinat. Ich bin verheiratet, meine Frau heisst Bornmann wie ich. Aber was hat das mit dem blauen Bähnli zu tun, das rot ist? |

B Und Sie sind nicht mit einem Mann verheiratet?

T Nein, verdammt noch mal, ich bin mit einer Frau verheiratet.

B Genau das ist der Beweis: Ihre Frau heisst -mann, Bornmann, obwohl sie eine Frau ist. Also darf doch auch ein rotes Tram blaues Bähnli heissen.

T Ich geb's auf. Ich will jetzt endlich nach Worb fahren, ob rückwärts oder vorwärts, ob blau oder rot, aber ich will endlich nach Worb.

B Da können Sie noch lange warten.

T Wieso denn, es kam doch die ganze Zeit ein Bähnli oder Tram, rot oder blau. Aber es ist wahr, es ist schon längere Zeit kein Bähnli mehr gekommen.

B Das isch wöu itz Schtosszyt isch.

T Ja um Himmels willen, setzen die ausgerechnet in den Stosszeiten weniger Bähnli ein?

B E aber nei, yr Schtosszyt setze mir meh Bähnli y.

T Aber warum kommt denn keines?

B Y dr Schtosszyt isch so mängs Tram u Bähnli unterwägs u aui uf der glyche Schyne, dass sy nümme düre chöme u schtecke blybe.

T O diese Schweizer! Und wie komme ich denn jetzt nach Worb?

B Mit mir. Y gah jitz i Houptbahnhof ine, dert wo di internationale Züg fahre. Mir Schwyzer hey uf jedes Problem e Antwort. Im Bahnhof het's no nes angerschs Worbbähnli.

T Gott sei Dank! Wieder ein blaues, das rot ist?

B Nei, es orangsches.

Die nächste Geschichte ist trotz des landwirtschaftlichen Titels eine Eisenbahngeschichte.

## Die Kuh

Eine Weihnachtsgeschichte

Aloys Kalbermatten war froh, im Zug einen Platz gefunden zu haben. Viele Leute besassen heutzutage ein GA. Und in der Weihnachtszeit waren ohnehin alle unterwegs. Aloys war in Visp eingestiegen. Seine Tochter Susanne wohnte mit ihrer Familie in Zürich, die Söhne waren ins Ausland gezogen. Erich war Farmer in Australien, Pirmin arbeitete in der Entwicklungshilfe in Bolivien. Aus diesem Grund feierte Aloys Kalbermatten Weihnachten eben bei Susanne, ihrem Mann und den beiden munteren Töchterchen. Er freute sich auf die Enkelinnen. Für sie nahm er sogar das Lesen der Weihnachtsgeschichte, die Lieder und die Krippe in Kauf. In seiner eigenen Familie hatte er Weihnachtsfeiern strikte untersagt. Zum Leidwesen seiner Frau Simone. Schliesslich hatten sich die Ehepartner auf ein Ritual zu Ehren von Väterchen Frost geeinigt, der den Kindern die Geschenke brachte, welche die Eltern ausgesucht hatten. Mit der Zeit hatte dann trotzdem wenigstens der Weihnachtsbaum Einzug in die Stube gehalten. Gegen das Aufstellen von Krippenfiguren jedoch hatte sich Lehrer Kalbermatten erfolgreich zur Wehr gesetzt. Mit Ausnahme der Kuh. Die Krippenkuh stellte der junge Vater eigenhändig jedes Jahr neben Väterchen Frost. Mit der Kuh hatte nämlich alles angefangen.

Der Zug brauste durch den Lötschberg. Aloys lächelte in die Dunkelheit des Tunnels hinaus. Im Spiegelbild des Fensters sah er auf einmal nicht das Gesicht eines sechzigjährigen Mannes mit

Glatze und Brille, sondern den kleinen Wuschelkopfjungen mit den glänzenden braunen Augen, der er einmal gewesen war.

Die Kuh, ja, die Kuh. Eigentlich hatte der Bub Lehrerin Supersaxo geliebt. Problemlos sprach er ihr das *Ave Maria* nach, den Blick auf das Schulzimmer-Kruzifix an der Wand gerichtet. Brav lernte er die Kirchenlieder auswendig. Frau Supersaxo pflegte den Kindern zu sagen, dass sie dereinst in der Sterbestunde froh sein würden, sich an diese Lieder zu erinnern. Der Sechzigjährige sah sich im Eisenbahnfenster lachen. Zwar hatte er bereits einige Sterbeerfahrungen hinter sich. Karin, das älteste seiner Kinder, war als Jugendliche gestorben, verunglückt auf einer Bergwanderung. Die grosse Liebe seines Lebens hatte er vor zwei Jahren zu Grabe getragen. Mit Totenmesse. Leider. Aber Simone war nie aus der Kirche ausgetreten und hatte eine kirchliche Bestattung gewünscht. Die Erinnerung an den Verlust seiner Lieben schmerzte, doch wenn er an Frau Supersaxo dachte … Die Passagiere im Lötschbergzug sahen einen Mann den Kopf schütteln. Wie konnte eine Lehrerin den Kindern Lieder beibringen, die ihnen in der Sterbestunde wohltun würden? Er lachte laut heraus. Die Passagiere blickten sich befremdet an.

Aber dann kam die Sache mit der Kuh. Frau Supersaxo hatte im Naturkundeunterricht ein grosses Bild mit einer prachtvollen Kuh über die Wandtafel gehängt. «Gott hat uns Schweizern ein Land geschenkt mit herrlichen grünen Bergwiesen. Dazu Kühe, die uns Milch, Butter, Käse und Fleisch liefern. Hat Gott nicht eine schöne Walliser Kuh geschaffen?», meinte sie und zeigte auf das Bild.

Da hob der kleine Aloys die Hand und rief stolz: «Die Walliser Kühe hat nicht Gott geschaffen, wir Walliser haben sie in vielen Jahren so gemacht, wie sie sind, und die Berner haben andere Kühe erfunden, und die Freiburger und Bündner noch einmal andere.»

«Wer hat dir das gesagt?», fragte die Lehrerin verblüfft.

«Mein Vater. Er macht auch Kühe. Wenn er Kühe will, lässt er Kataloge mit Bildern und Beschreibungen von Munine kommen. Der Vater kauft den Samen desjenigen Muni, der ihm gefällt, und macht damit Kühe.»

Frau Supersaxo lächelte. «Das ist richtig. Dein Vater führt den Samen des Muni in die Kuh ein, aber die Kühe hat trotzdem Gott geschaffen.»

«Nein, die Walliser, Berner, Bündner und Freiburger haben sie geschaffen.»

«Kind, Gott ist der Schöpfer.»

«Nein, wir Walliser.»

Jetzt lächelte Frau Supersaxo nicht mehr. Ihre Lippen formten sich zu strengen Strichen. «Bub, beleidige Gott nicht. Schau den Heiland am Kreuz an und sprich: Es tut mir leid.»

«Es tut mir aber nicht leid, und ich will den Heiland nicht anschauen.»

«Du schaust sofort den Heiland an.»

Der Bub stampfte. «Ich schaue ihn nicht an. Und wenn ich gross bin, will ich Lehrer werden, und dann werde ich das Kruzifix von der Wand nehmen.»

Jäh wurde Aloys durch ein Gerassel aus den Gedanken gerissen.

«Kaffee, Mineral.»

Die leise Stimme war im Schüttelgeräusch des Imbisswagens kaum zu hören, der von einem Afrikaner blitzschnell vorbeigeschoben wurde. Der scheue Afrikaner schien vor den Passagieren eher zu fliehen als ihnen etwas verkaufen zu wollen. Aloys fühlte Mitleid.

«Kaffee, bitte!», rief er dem Flüchtenden nach.

Zögernd kehrte der Afrikaner zurück.

«Ist das Ihr erster Arbeitstag?»

Der Verkäufer nickte: «Yes, ja.»

Aloys nahm dankend den Becher mit dem heissen Getränk entgegen. «Das ist für Sie.»

Beglückt betrachtete der Afrikaner das glänzende Fünffrankenstück in seiner Hand. «Merci vielmal, *Sir, merry Christmas."*

Beim Wort *Christmas* zuckte Aloys zusammen.

Auf der Berner Seite des Lötschberg lag Schnee, der Himmel war grau verhangen. Mit dem letzten Schluck aus dem Kaffeebecher liess Aloys sich wieder in die Erinnerungen zurücksinken. Die Passagiere hörten den sechzigjährigen Mann seufzen.

Kalbermatten war tatsächlich Lehrer geworden, ein guter, einsatzfreudiger, allerdings provokativer Lehrer. Er war aus der Kirche ausgetreten und hatte sich den Freidenkern angeschlossen. Dennoch stellte ihn sein Heimatkanton als Lehrer an. Auch das Wallis hatte sich eben verändert. An den staatlichen Schulen unterrichteten längst keine Ordensschwestern mehr. Lehrerinnen wie Frau Supersaxo waren kaum noch anzutreffen. Es wurden keine Lieder gesungen, die einem beim Sterben wohltaten. In den grösseren Ortschaften gab es bereits Schulhäuser, in deren Zimmer man das Kruzifix nicht angebracht hatte. In den alten Schulhäusern freilich hing es nach wie vor, und auch die Kreuze auf den Berggipfeln waren geblieben, zur Freude der Touristen. Sie stellten sich mit ihren Kameras in der Weise vor das christliche Symbol, dass Kreuz und Gletscher vereint auf dem Bild zu sehen waren. Die Japaner versammelten sich zu Aufnahmen vor schlechthin jedem Kreuz. Vielleicht aus Freude, weil sie den Buchstaben R in Kreuz so lustig aussprachen: «Das ist Foto von meinem Mann beim Kleuz.»

Infolge der Migrationsbewegungen gab es auch im Wallis muslimische Schüler und Schülerinnen. Diese waren an die zahlreichen Kreuze und Kruzifixe in den Dörfern und Häusern derart gewöhnt, dass ihnen kaum auffiel, dass auch in den meisten Schulzimmern Kruzifixe hingen. Aloys Kalbermatten dagegen nahm sie empört wahr. Mit Berufung auf einen Bundesgerichtsentscheid, wonach das Anbringen eines Kruzifixes nicht der Religionsneutralität entspreche, verlangte der junge Lehrer nicht nur schriftlich beim Gemeinderat die Entfernung des Kruzifixes aus dem Schulraum, in welchem er u.a. einen muslimischen Schüler unterrichtete, sondern er schritt im Rahmen des Naturkundeunterrichts auch gleich zur Tat. An der Wandtafel hing – wie zur Zeit von Frau Supersaxo – das Bild einer schönen Kuh. Zusammen mit ihrem Lehrer erarbeiteten die Kinder die Erkenntnis, dass die heutigen Kühe das Resultat von Züchtungen sind, also eine menschliche Erfindung. Freilich hatte es einmal die Auerochsen, *Bos primigenius*, gegeben. Vor dreihundert Jahren waren sie ausgestorben.

Herr Kalbermatten wechselte das Bild an der Wandtafel. Die Kinder betrachteten die büffelartigen Ur-Kühe. Aus ihnen schufen die Menschen das heutige Nutzvieh, das den Bedürfnissen der Verbraucher aufs Beste angepasst ist. Der Lehrer stand vor seiner Klasse, das rechte Bein lässig auf einen Stuhl gestützt, wie immer, wenn er aus den Kindern die richtigen Fragen und Antworten hervorholte.

«Und wer, bitte schön, hat die Ur-Kühe erfunden?», wollte Hassan wissen.

«Der Zufall», antwortete Hildemar, der Sohn des deutschen Professors, der mit seiner Familie ins Walliser Dorf gezogen war. «In der Wissenschaft nennt man diesen Zufall Evolution.» Hildemar wusste sogar, wie der Mann hiess, der die Sache mit der Evolution herausgefunden hatte: Charles Darwin, 1809–1882. Aloys Kalbermatten freute sich über die Antwort des klugen Schülers. Auf seiner Reise nach Galapagos, ergänzte der Lehrer, hatte Darwin festgestellt, dass sich die Tiere derselben Gattung auf den verschiedenen Galapagosinseln unterschiedlich entwickelt hatten. Von einer göttlichen Einwirkung konnte keine Rede sein. Der

Lehrer verschwieg, dass Darwin Theologe gewesen war, sich nie als Atheist bezeichnet, den tiefen Glauben seiner Frau geschätzt und in seiner Sterbestunde nach dem anglikanischen Pfarrer verlangt hatte. Für den Walliser Lehrer war Darwin der grosse Atheist schlechthin. Herr Kalbermatten erklärte den Schülern, dass spätestens seit Darwin die Religion als Kindheitserscheinung gelte. «Erwachsene werden in spätestens fünfzig Jahren nicht mehr an Gott glauben», verkündete er. «Gott ist so etwas wie der Weihnachtsmann, an den ihr ja auch nicht mehr glaubt. Wer weiterhin an Gott glauben will, mag das zuhause tun, in der Kirche oder auch in der Moschee; in der Schule jedoch halten wir uns an die Wissenschaft. Darum darf an einem religiös neutralen Ort wie der staatlichen Schule auch kein Kruzifix mehr hängen. Oder wenn schon, dann müssten wir auch den Davidstern und den muslimischen Halbmond anbringen und die hinduistischen Götter aufstellen. Wir stimmen ab. Wer dafür ist, dass wir das Kruzifix entfernen, möge die Hand heben.» Mit Ausnahme von Hassan hoben alle Schülerinnen und Schüler die Hand.

Wieder wurde Kalbermattens Reise in die Vergangenheit unterbrochen. «Nächster Halt Spiez, prochain arrêt Spiez, next stop Spiez.»

Die Passagierin, welche Aloys gegenübergesessen hatte, stand auf. Sie zog den warmen Mantel an, bückte sich und griff nach dem Koffer. Der Zug verlangsamte die Fahrt. Eine elegante Dame mit aufdringlichem Parfum setzte neues Rouge auf die Lippen. Ein dicker Mann packte einen Pouletschenkel aus. Der Brathuhnduft vermischte sich mit dem Parfum der Dame und einem Hauch von Erdnüssen und Mandarinen, der vom hinteren Teil des Wagens leise heranwehte. Der Zug hielt an. Eine Frau sprach in ihr Handy über die vierzehnte Operation, die ihr unmittelbar nach Weihnachten bevorstand. Leute hasteten mit suchendem Blick durch den Wagen.

«Isch da no frei?» Der junge Mann, der die Frage gestellt hatte, war eine gepflegte Erscheinung; die Haare blond gefärbt, am linken Ohr ein neckisches Ringlein. Nein, an beiden Ohren, stellte Aloys fest. Für den Lehrer, der sich für einen Menschenkenner hielt, war klar, was für einen Mann er vor sich hatte. Er machte eine einladende Bewegung in Richtung des freien Sitzes und lächelte sein neues Gegenüber an. Aloys begegnete allen Aussenseitern und Angehörigen von Minderheiten mit Wohlwollen; er war ja selber auch ein Aussenseiter. Aus seiner Reisetasche holte der Neue ein Buch, geschützt durch eine braune Lederhülle. Auf der Lederhülle das Symbol einer Taube. Aloys runzelte die Stirn. Die Taube ärgerte ihn; sie hatte Ähnlichkeit mit der Taube auf den Hugenottenkreuzen. Der schöne Aussenseiter und dieses Buch? Wie passte das nun wieder zusammen? Der junge Mann schlug das Buch auf. Seine Sitznachbarin, offenbar Japanerin, blickte neugierig auf die Seiten, die der Leser vor sich hatte. «Oh, del Blief des Apostels Paulus an die Lömel. Ich auch Chlistin, heisse Lioko.»

Der Zug setzte sich wieder in Bewegung. Die Sitznachbarn von Aloys waren Christen, wohl noch aktivere als diejenigen, die dem initiativen Lehrer damals das Leben schwer gemacht hatten, nachdem er das Kruzifix von der Wand geholt hatte. Die konservativen Gemeinderäte hatten den jungen Lehrer fristlos entlassen. Mit anonymen Briefen und Telefonaten war er bedroht worden.

«Mein Name ist Mike». Die Japanerin und der neue Mitreisende lächelten sich an.

Der See kam in Sicht. Immer noch melancholisch grau und trotzdem irgendwie schön. Aloys fühlte Dankbarkeit in seinem Herzen aufsteigen, in einem Land zu leben, das vier Jahreszeiten kannte. Aber Dankbarkeit eigentlich wem gegenüber? Etwa gar Gott gegenüber? Kalbermatten zwang sich, diese Fragen einer inneren Stimme zu überhören, indem er sich auf das konzentrierte, was von anderen Reisenden auf ihn eindrang. Mit Absicht blickte er über Mike und Lioko hinweg. Die Frau mit dem Handy schilderte den Verlauf der dritten Operation, die dritte von dreizehn. Die vierzehnte stand ja erst bevor.

«Nein, anschliessend war es schlimmer als zuvor. Ich musste den Arzt wechseln.»

«Sicher.»

«Aber wenn ich es doch sage.»

«Und dann diese Krankenschwestern, ich meine: Pflegefachfrauen! Alles Deutsche! Ich musste im Spital Hochdeutsch sprechen! Ich bin ja tolerant, ich meine nicht, dass die Deutschen Schweizerdeutsch lernen müssen. Es tönt ja blöd genug, wenn sie es versuchen. Aber wenigstens verstehen sollten sie es schon.»

«Du hast recht, vielleicht ist sie noch nicht lange da. Aber die deutsche Arroganz könnte sie sich von allem Anfang an abgewöhnen. Diese Kaminski wollte sogar mein Hochdeutsch korrigieren; es heisse Krankenhaus, nicht Spital. Der habe ich es aber gesagt, und zwar auf Schweizerdeutsch! 'Frächi More', habe ich zu ihr gesagt, 'ausgerechnet eine Kaminski will besser Deutsch können als ich!' – Glaub mir, ich könnte ein Buch schreiben!»

Der dicke Mann mit dem fein säuberlich abgenagten Pouletschenkel stand auf, ging durch den Wagen und suchte vergeblich nach einem nicht überfüllten Behälter für die Knochen. Unschlüssig starrte er auf die fettigen Hände und begann schliesslich an den Fingern zu lecken. Aloys reichte ihm ein Papiertaschentuch. Der Dicke rieb sich die Hände sauber und steckte den Knochen in das Taschentuch. Er zögerte und schaute Aloys bittend an. Der Lehrer verstand und reichte ihm ein zweites Taschentuch. Nun hatte der Dicke ein sauberes Knochenpaket, das er im Rucksack verschwinden liess.

Die Dame in der Duftwolke beschäftigte sich erneut mit dem Lippenstift. Sie blickte in einen kleinen Spiegel und rieb die frisch behandelten Lippen aneinander. Sie drehte den Kopf vor dem Spiegel hin und her. Irgendetwas an den Augenlidern schien ihr zu missfallen.

Wie angekündigt hielt der Zug in Thun. Als er die Fahrt fortsetzte, stellte Aloys fest, dass die Frau mit dem Handy bei der sechsten Operation angelangt war. Er hörte Lioko kichern. Jemand hatte ihr einmal gesagt, Religion sei bloss in der Kindheit der Menschheit von Bedeutung gewesen, zwischen Gott und dem Weihnachtsmann gebe es keinen Unterschied mehr. Darum würden moderne Menschen – jedenfalls solche mit Bildung – aufhören, an Gott zu glauben, sobald sie erwachsen seien.

«Mike, wie alt walst du, als du aufgehölt hast, an den Weihnachtsmann zu glauben?»

«Ich denke, ich war fünf Jahre alt, als ich zum Weihnachtsmann sagte: Ich weiss, dass du es bist, Papa. Und da hat Papa die Maske abgenommen und den roten Mantel ausgezogen.»

«Und in welchem Altel bist du Chlist geworden?», lautete Liokos nächste Frage.

«Das war vor drei Jahren, da war ich neunzehn.»

«Als Fünfjähligel hast du also aufgehölt, an den Weihnachtsmann zu glauben», stellte die Japanerin fest, «und gläubig bist du, seit du elwachsen bist.»

Aloys fing an, bewusst zuzuhören.

Lioko war sogar erst mit vierzig Jahren Christin geworden. Als Deutschlehrerin hatte sie sich mit deutscher Geschichte, Kunst und Literatur befasst. Aber erst durch eine Gotteserfahrung war sie Christin geworden. Mike pflichtete ihr eifrig bei. In England sei er zu Weihnachten aufgefordert worden, einen Schweizer Weihnachtsjodel zu singen, und das ganz offiziell auf BBC London. Seines Wissens gebe es jedoch keinen Weihnachtsjodel, vielleicht in Österreich, aber jedenfalls nicht in der Schweiz, aber er habe versprochen, einen Schweizer Weihnachtsjodel für BBC zu erfinden. «Diese Erfindung ist für mich zur Gottesbegegnung geworden», bekannte Mike. «Nicht weil ich nach Gott gesucht hätte, fing ich an, das Neue Testament zu lesen, eher aus Verlegenheit, weil ich BBC einen Weihnachtsjodel versprochen hatte. Ich musste damit rechnen, dass man mich in der Sendung fragen würde, ob ich den christlichen Glauben kenne. Wenigstens das kürzeste Evangelium wollte ich lesen. Das Markusevangelium hat nur sechzehn Kapitel. So viel traute ich mir gerade noch zu. Bereits in Kapitel vier, bei der Stillung des Seesturms, hat es mich erwischt. Bis zu der BBC-Anfrage hatte Gott in meinem Leben keine Rolle gespielt. Im Nachhinein kann ich nicht einmal sagen, ob ich überhaupt an seine Existenz geglaubt habe oder nicht. Gott war mir so was von egal gewesen. Er hat sozusagen in mir geschlafen wie Jesus im Sturmboot. Doch jetzt, beim Lesen der Seesturmgeschichte, wurde mir mein eigener Lebenssturm bewusst. Es war ein Sturm, der mir früher gar nie als Sturm vorgekommen war. Ich geriet in einen Sturm der Langeweile. Langeweile kann ein furchtbarer Sturm sein. Auf einmal erschien mir mein Leben, das ich stets als interessant bezeichnet hatte, langweilig. Und zwar das ganze Leben, selbst das noch gar nicht gelebte, also Vergangenheit, Gegenwart und Zukunft. Meine gute – und jetzt auf einmal so ereignislose, langweilige – Kinderzeit. Am Sonntagmorgen ausschlafen, am Mittag Kartoffelstock mit Sosse-Seelein, am Nachmittag der obligatorische Spaziergang mit Papi und Mami, die kleine Schwester im Kinderwagen schiebend. Die küssenden Tanten, die Fussball spielenden Onkel, die Grossmutter mit ihrer Konfitüre. Konfirmation, Gymnasium, Jugendjahre, Universität. Am Abend Disco, saufen und lärmen. Beziehungsprobleme. Endlich die Karrierezeit: Am Morgen aufstehen, Kaffee trinken, Zähne putzen, arbeiten, nach Hause kommen, essen, fernsehen, ins Bett gehen, schlafen. Wieder aufstehen, Kaffee trinken, Zähne putzen, arbeiten, wieder nach Hause kommen, wieder essen, wieder fernsehen, wieder ins Bett. Schlafen, aufstehen, essen, arbeiten, jahraus, jahrein. Schliesslich pensioniert werden, Tulpenzwiebeln stecken, Rasen mähen, Laub rechen, Schnee schaufeln, Altersturnen, Reisekataloge, sechshundert Programme am Fernsehen, Blutdruck messen, Tabletten schlucken, ein neues Hüftgelenk, noch mehr Tabletten schlucken, Testament schreiben. Ein letztes Mal Spital, und endlich: Vorhang fällt. Ist das alles nicht unvorstellbar langweilig? Ich muss vor tödlicher Langweile in meinem Herzen geschrien haben: 'Ist es dir, Gott, egal, dass ich vor lauter Langeweile und Leere zugrunde gehe?' Und da auf einmal steht dieser schlafende Jesus mitten in meinem Langeweilesturm auf. Und ich erkenne: Er schläft nicht, er ist wach; er ist nicht tot, er ist auferstanden, er lebt. Der Sturm der Langweile verstummt. Es fangen ganz andere Stürme an, Stürme, die man nur mit Gott haben kann. Mit Gott hört die Langeweile auf. Mit Gott steure ich ins Abenteuer. Doch die Gottesrealität kam als Überraschung. Verstehst du, Lioko, warum ich sage: Nicht ich habe Gott gesucht, Gott hat mich gesucht? Und er hat mich gefunden … über den Umweg mit dem von mir kreierten Weihnachtsjodel.»

«Wow», erwiderte Lioko, «diesen Weihnachtsjodel, del das alles ausgelöst hat, wülde ich gelne hölen. Walum nicht hiel und jetzt?»

Mike sah sich zögernd um. Im Eisenbahnwagen war es fast still geworden. Nicht alle waren erfreut über das unfreiwillig Mitgehörte. Was hatte dieser junge Schönling für eine Auffassung vom Alltag, von Arbeit, Geld und Beruf? Doch nachdenklich waren die meisten geworden. Einzig die Frau mit dem Handy schwatzte unbeirrt weiter. Aloys blickte den jungen Mann gespannt an. «Haben Sie etwas dagegen, wenn ich einen Weihnachtsjodel singe?», fragte Mike nach links, nach rechts, nach vorn und nach hinten. Die Reisenden nickten aufmunternd. «Gerne. Das wäre ja einmal etwas anderes.» Selbst der dicke Mann mit dem Pouletknochen in Aloys' Papiertaschentuch, dessen gerunzelte fleischige Stirn zunächst Ablehnung ausgedrückt hatte, brummte: «Warum auch nicht, es ist ja schliesslich Heiligabend.» Die Frau mit dem Handy sprach zu der unsichtbaren Gesprächspartnerin: «Jetzt wirst du gleich einen Weihnachtsjodel hören. Ein Passagier wird ihn singen, wie er sagt, nach der Melodie von *Dert änet am Bärgli im Trueb, im Trueb, der ha-n-i als ledige Bueb …*» Der gepflegte junge Mann mit den gefärbten blonden Haaren und den Ringlein in den Ohren erhob sich. Seine Stimme durfte sich hören lassen. Bis in den hintersten Teil des Eisenbahnwagens waren die Worte des Liedes deutlich zu verstehen.

*Der Heiland uf d'Ärde isch cho, isch cho.*
*S' hey d'Hirte als erschti vernoh, vernoh.*
*Der Ängel seit: förchtet euch nid – Hallelujah.*
*Der Ängel seit: förchtet euch nid.*

Auf die Worte der ersten Strophe folgte der eigentliche Jodel. Der junge Mann konnte tatsächlich so jodeln, dass man einfach zuhören musste. Der Billetkontrolleur blieb schmunzelnd stehen.

Aloys wiegte den Kopf nachdenklich hin und her. Durch einen Jodel war Mike Christ geworden; er, Aloys, war durch eine Kuh Atheist geworden. So banal konnte das manchmal zu und her gehen, ob man Christ oder Atheist wurde.

Mike begann mit der zweiten Strophe:

*Drum tifig zum Schtälli herzue, herzue.*
*Maria und Joseph und d'Kueh, und d'Kueh.*
*O Heiland, wie ligsch du so arm – Hallelujah.*
*O Heiland, wie ligsch du so arm.*

Hatte Aloys richtig verstanden? Hatte der junge Mann tatsächlich von einer Kuh gesungen?

Die dritte Strophe lautete:

*Di Armuet machet mi rych, so rych.*
*Mi Heimet isch z'Himmelrych, ja Rych.*
*Drum schänke-n-i dir jitz mis Härz – Hallelujah.*
*Drum schänke-n-i dir jitz mis Härz*

Zum dritten und letzten Mal setzte Mike zu dem gewaltigen Jodel an. Doch diesmal nicht allein. Die süss duftende Dame mit den roten Lippen und den schwarzen Augenlidern war aufgestanden. Auch sie konnte jodeln – und wie! Die helle Stimme des gepflegten jungen Mannes, der aus dem Sturm der Langeweile gerettet worden war, und die dunkle Stimme der stark geschminkten Mitsängerin vereinigten sich im Weihnachtsjodel nach der bekannten Truber Melodie. Sämtliche Passagiere im Wagen lachten und applaudierten.

Aloys kannte die Schwächen seines alt gewordenen Gedächtnisses. Er holte Schreibblock und Kugelschreiber hervor und fing an aufzuschreiben. Er wusste, was er an diesem Abend in der Familie seiner Tochter singen würde.

Aus dem Lautsprecher verkündigte eine Stimme: «Wir treffen in Bern ein, Weiterfahrt ohne Halt bis Zürich.»


*Erklärung zur Eisenbahn-Weihnachtsgeschichte:*
*Einen jungen Walliser Lehrer konnte man eine Zeitlang am Schweizer Fernsehen sehen und hören. Als Atheist hatte er sich in Schwierigkeiten gebracht, als er das Kruzifix in seinem Unterrichtszimmer entfernen wollte. Die Worte des Weihnachtsjodels habe ich auf Wunsch von BBC London selber geschrieben und mit meiner Jugendgruppe im BBC-Studio gesungen.*


Nachdem ich die Corona-zu-Hause-bleiben-Müssenden bereits auf eine Fahrt mit der Strassenbahn und mit dem Zug mitgenommen habe, begeben wir uns in der nächsten Geschichte auf eine sommerliche Weihnachtswanderung. Sommer und Weihnacht – wie geht das zusammen? In der Absurdität der Coronakrise ist selbst Weihnachten im Sommer möglich.

# Stille Nacht, heilige Nacht und andere Marschlieder

Verfasst für das Café Littéraire der Thomaskirche Liebefeld im Advent 2015

Eine Geschichte, die sich zum Teil tatsächlich fast so ereignet hat. Die Namen der Beteiligten wurden geändert.

Still war sie nicht gewesen, die erste Nacht in Ungarn; dazu noch heiss. Die Schweizer Wandergruppe war mit einem Bus angereist. Trotz aller Annehmlichkeiten, die ein moderner Bus bietet, waren die Wandersleute von der langen Reise müde geworden und freuten sich auf das ruhige Hotel in Slofok am Balatonsee. Doch auf dieser Reise sollte vieles anders werden als geplant. Das Hotel am See erwies sich als doppelt belegt. Das war die erste unvorhergesehene Andersartigkeit. Die russische Gesellschaft war als erste eingetroffen. Was die Schweizerinnen und Schweizer anbetrifft: «Es tut uns leid ...» – «Kein Platz in der Herberge», zitierte Wanderer Markus aus der Weihnachtsgeschichte. Er war Pfarrer. In aller Eile musste Noémi, die ungarische Reisebegleiterin, für ihre Schweizer Gäste umdisponieren. Zwar kamen sie tatsächlich in Slofok unter – doch leider mitten in der Stadt. Das Abendessen gestaltete sich zur Zufriedenheit aller Schweizerinnen und Schweizer. In den Gläsern funkelte der Wein – Stierenblut, wie Laszlo, Noémis Partner, erklärte. Die Wanderer hoben die Gläser, sie boten einander das Du an. Die Gruppe war gut durchmischt: einige ältere, aber wandertüchtige Damen und Herren aus verschiedenen Regionen der Deutschschweiz, unter ihnen Julia aus Thun, die während der langen Fahrt an den Balatonsee fortwährend gestrickt hatte; weiter drei junge Paare aus der Innerschweiz; dann Sarah und Sabine, zwei frisch verliebte lesbische Freundinnen aus St. Gallen mit Jan, Sarahs liebenswürdigem Bruder mit Downsyndrom. Ferner Mario, Gerichtspräsident aus dem Kanton Zürich; Jules, Charcutier aus Lausanne; Myrtha und Su, zwei

Kindergärtnerinnen aus dem Bündnerland; Mohana, Yogalehrerin aus Basel; und nicht zuletzt der bereits erwähnte Berner Markus mit seiner Frau Veronika. Dass dieser mehr als nur zu predigen verstand, erwies sich bereits beim zweiten Glas Stierenblut.

«Wisst ihr, dass die Menschen in diesem Land nicht stricken können?», fragte er neckisch in Richtung der Thunerin, die unmittelbar nach dem Nachtisch wieder ihr Strickzeug hervorgeholt hatte.

Diese war erstaunt: «Warum denn das?»

«Weil man in Ungarn kein Garn hat, man hat nur Ungarn.»

Alle lachten.

«Ist das die Art und Weise, wie dein Mann predigt?», wandte sich der Gerichtspräsident an Veronika.

«Er kann auch ernst sein, aber ja, doch, in seinen Gottesdiensten darf man in der Tat lachen. Das anerkennen sogar seine Gegner.»

«Du musst im Vechlauf unserech Wanderung unbedingt mid uns feichern einen Gottesdienst, in dem wir dürfen laken», meinte mit welschem Charme der Metzger Jules. «Zwar isch bin Atheist, aber füch einen besonderen Gottesdienst isch durchaus bin zu aben.»

Dass die Gruppe bereits am nächsten Tag, ihrem ersten Wandertag, einen Gottesdienst – und zwar einen ganz besonderen Gottesdienst – feiern würde, konnte sich keine und keiner selbst in den kühnsten Träumen vorstellen. Nicht weil alle traumlos tief geschlafen hätten. Die Nacht war heiss und stickig. Auf den Strassen tummelten sich bis in die frühen Morgenstunden feuchtfröhlich junge Touristen aus allen Ländern der Welt. Die Schweizer Gäste, die Kräfte für den ersten Wandertag hatten sammeln wollen, wälzten sich unruhig in ihren Betten. Im ursprünglich vorgesehenen Hotel am See hätten sie sich besser erholen können.

Noémi, die Reisebegleiterin, war besorgt. «Nach einer solchen Nacht empfehle ich wenigstens den Seniorinnen und Senioren, heute der Gruppe mit dem Bus nachzureisen», meinte sie nach dem Frühstück. «Dazu ist er ja da.»

«Es ist eine ernsthafte Wanderung», pflichtete Laszlo ihr bei, «und es wird ein heisser Tag werden.»

Die älteren Damen und Herren lehnten dankend ab.

«Wir sind geübte Wanderer», erklärten sie mutig.

Die Wanderer amüsierten sich über den Ausdruck *ernsthafte Wanderung*. Diese erwies sich nämlich – zunächst jedenfalls – als durchaus erholsam. Es ging dem See entlang auf Pfaden, welche durch Felder und Wiesen führten. Eine Gänseliesel, die wie im Märchen die Gänse vor sich hertrieb, weckte das Entzücken aller. Auf einem Kirchturm klapperten in ihrem Nest zwei Störche. Sogar Julia griff für einmal nicht nach dem Strickzeug, sondern nach dem Fotoapparat. Jan war der Liebling aller. Er löste sich von der Hand seiner Schwester. Er fühlte sich von den älteren Damen und Herren angezogen. Zutraulich hängte er sich bei Julia ein.

«Man sagt heute nicht mehr mongoloid», erklärte er mit nasaler Stimme, «ich habe Trisomie 21, aber nur ein ganz klein bisschen; ich kann fast alles machen, was die anderen Leute so machen. Ich kann dich mit deinem Fotoapparat vor der Kirche mit den Störchen fotografieren.»

Die Thunerin brachte sich gehorsam vor der Kirche in Stellung.

«Aber mit dem Strickzeug, bitte.»

Julia griff in den Rucksack und holte lächelnd ihr Strickzeug hervor. Man konnte dem liebenswürdigen jungen Mann einfach keinen Wunsch abschlagen.

Laszlo hatte recht gehabt. Die Kühle des Morgens wich bald einer grossen Hitze. Unbarmherzig stach die Sonne auf die Wanderer herab. Der See lud zum Bade, doch auf einer ernsthaften Wanderung war an eine Baderast nicht zu denken. Die Gruppe musste weiterziehen. Müdigkeit machte sich bemerkbar. Doch die Kindergärtnerinnen stimmten ein Wanderlied an, das die älteren Semester auswendig kannten. Die Jungen merkten sich die Worte und machten fröhlich mit. Singend zog die Gruppe weiter.

«Was können wir noch auswendig?», überlegten die Seniorinnen, als der Vorrat an Wanderliedern sich dem Ende zuneigte.

«Ich weiss, ich weiss», jauchzte Jan und stimmte eifrig an: «Oh Tannenbaum, oh Tannenbaum, wie grün sind deine Blätter.»

Männiglich guckte sich verdutzt an. Aber man konnte gar nicht anders – Jan war ein so lieber junger Mann. Markus und Veronika sangen als erste mit, gefolgt vom Gerichtspräsidenten mit seiner sonoren Stimme und dem Metzger mit seinem Bass. Schliesslich fielen auch die übrigen ein. Die Störche vergassen ihr Klappern und schauten der Gruppe nach, die *Oh Tannenbaum* singend am Seeufer weiterwanderte. Nach *Oh Tannenbaum* kam *Oh du fröhliche* an die Reihe. Man war gerade bei *Stille Nacht, heilige Nacht* angelangt, als die Sängerinnen und Sänger sich fragend anblickten. Wie peinlich! Aus der Gegenrichtung näherte sich eine andere Wandergruppe. Einige Sekunden lang wurde der Gesang leiser, doch dann nickten die Sängerinnen und Sänger einander aufmunternd zu. Sie liessen ihre Stimmen zu voller Lautstärke anschwellen. Den Wanderern aus der Gegenrichtung, die eben noch lautstark berlinerisch miteinander diskutiert hatten, verschlug es die Sprache ob dem verrückten – ver-rückten – Weihnachtsgesang. Einer der Deutschen fand seine Sprache schliesslich wieder, indem er ungläubig den Kopf schüttelte: «So etwas singt man nur am 24. Dezember!», rief er den Schweizern nach. Er tippte sich mit dem Finger an die Stirn.

*Holder Knabe im lockigen Haar.* Die Sängerinnen und Sänger wanderten unbeirrt weiter, aus voller Kehle singend, obwohl es sie dabei von unterdrücktem Gelächter durchschüttelte. Erst als sie in einem Wäldchen verschwunden waren und von den Deutschen nicht mehr gesehen werden konnten, platzten sie mit Lachen so richtig heraus.

Das Wäldchen war der vorgesehene Rastplatz, ein Ort mit angenehmen Ruhebänken. Die Rucksäcke wurden geöffnet. Das lärmige Stadthotel hatte für gute Verpflegung gesorgt. Jan war als erster mit dem Essen fertig. Er sammelte Farnblätter und bereitete sich daraus ein Bettchen zu.

«Ich liege in der Krippe», rief er.

Markus überlegte kurz.

«Alle herhören. Ihr wolltet einen besonderen Gottesdienst feiern. Und einen besonderen Gottesdienst sollt ihr haben. Gerichtspräsident, du bist der Joseph. Sarah, du bist die Maria ...»

«Ich weiss von keinem Mann», protestierte diese.

«Gerade deshalb.»

Die Wanderer, die sich tags zuvor noch gar nicht gekannt hatten, waren durch den Umgang mit Jan sehr spontan und beweglich geworden. Jede und jeder fand eine Rolle im Juli-Weihnachtsspiel. Sabine war auf eine Sitzbank gestiegen und sang *Vom Himmel hoch, da komm ich her.* Sie verkündigte den Hirten grosse Freude, die allem Volk widerfahren wird. Maria stemmte dem Gerichtspräsidenten das etwas grosse Kindelein entgegen, wobei ihr einige Hirtinnen und Hirten behilflich sein mussten. Sie sang: *Joseph, lieber Joseph mein, hilf mir wiegen das Kindelein.* Mario nahm Jan aus Marias Armen entgegen und drückte ihn zärtlich an sich. Die Yogalehrerin, Jules und Laszlo kamen aus dem Morgenland und knieten sich nieder. Ein paar Blätter und Steine dienten als Gold, Weihrauch und Myrrhe. Julia hatte für das Jesuskind trotz der Hitze warme Socken gestrickt.

Markus richtete einige Worte an die Krippenwanderer: «Was ihr einem der Geringsten getan habt, das habt ihr mir getan, sagt der, welcher an Weihnachten in der Krippe lag. Der Geringste unter uns ist Jan. Durch ihn ist heute über uns der Himmel aufgegangen.»

«Ich bin Atheist», erklärte Jules mit welschem Charme, aber geradezu akzentfrei, «doch heute habe ich Weihnachten erlebt.» Verschämt wischte er sich eine Träne aus den Augen.

Da löste sich Jan aus den Armen des Gerichtspräsidenten. Er trat auf den Atheisten zu und gab ihm einen Kuss. Und wer wagt es zu behaupten, dass es nicht Gott war, der den Atheisten geküsst hat?

# Die Coronazeit ist eine apokalyptische Zeit

Die Coronazeit weckt Zukunftsängste. Darum mute ich den Leserinnen und Lesern zwei Schreckmümpfelis zu.

## Das Aufgebot

von Vreni und Marcel Dietler

Nach einem nächtlichen Albtraum von Vreni; von Marcel aufgenommen und dichterisch weiterverarbeitet.

Ich hatte Frau Teuscher zwei oder drei Wochen nicht mehr gesehen – wir begegneten uns immer im Fitnessstudio. Mir war ihr Tattoo über der Brust aufgefallen:

*Frieden ist nichts für Feiglinge*

Jedes Mal, wenn wir auf dem Laufband rannten, musste ich dieses Tattoo lesen, immer wieder.

Ich kannte nicht einmal die Adresse von Frau Teuscher. Was war wohl aus ihr geworden?

Es geschah am 17. Januar 2084, am Morgen nach meinem hundertsechzigsten Geburtstag. Seit zehn Jahren war ich im Ruhestand und lebte von meiner Pension und der AHV. Da erhielt ich von der Spitalkette Humanitas eine sogenannt wiederholte Einladung zur Organspende.

Ich war erstaunt. Ich hatte keine erste Einladung erhalten. Wieso nun also die *wiederholte* Einladung? Der wiederholten Einladung war ein Strafmandat beigelegt. Wegen Nichteinhaltung der ersten Einladung hatte das Amt für Organspende mir eine Busse von sechzig Franken auferlegt. Wie aber sollte ich die Busse bezahlen, da der neue Termin bereits auf 16 Uhr des laufenden Tages angesetzt war? Ich wurde aufgefordert, mich nüchtern, frischgeduscht und in sauberer Unterwäsche im Empfangsbüro der Humanitas einzufinden.

Ich hatte allerdings bereits gefrühstückt. Auf das Mittagessen musste ich nun wohl oder übel verzichten. Tian Li Han, mein vierzig Jahre jüngerer Lebenspartner, der bei der Weltraumforschung tätig ist, begleitete mich bis vor die Humanitas. Vor dem Eingangstor küsste ich ihn und erinnerte ihn daran, die Busse für die vermeintliche Missachtung der ersten Einladung zur Organspende unbedingt in den nächsten Tagen zu bezahlen.

Eine freundliche Fachfrau für Spenderinnenbetreuung führte mich in die Halle der Organspende. Ich zog mich aus. Die Fachfrau sortierte meine Kleider und Unterwäsche und warf sie in die bereitstehenden Schreddermaschinen für synthetische oder natürliche Kleiderreste. Einige Frauen lagen bereits auf ihren Spenderinnentischen. Diejenigen, die noch nicht eingeschlafen waren, unterhielten sich angeregt miteinander. Auch ich legte mich auf einen der Spenderinnentische. Ich liess meine Augen umherschweifen. An einer Art Kleiderständer hingen die Häute meiner Vorgängerinnen. Eine der Häute kam mir besonders bekannt vor. Über der Hautstelle, die ich als Brust erkannte, fiel mir ein Tattoo auf: *Frieden ist nichts für Feiglinge.*

«Was macht man mit diesen Häuten?», fragte ich die Fachfrau, die gerade Frau Teuschers Haut sorgfältig vom Haken nahm.

«Oh, diese werden gegerbt und als Taucheranzüge verwendet», sagte sie freundlich.

Die Spenderin auf dem Entnahmetisch neben mir war eingeschlafen. Ich beobachtete, wie sorgfältig die zuständigen Ärzte sie aus der Haut schälten, Herz, Lunge und Nieren entnahmen und die Knochen zerlegten. Was an Knochen noch zu gebrauchen war, wurde in Kästen verwahrt; der Rest kam in die Schreddermaschine.

Jemand ergriff meine rechte Hand. Eine freundliche Psychologin beugte sich über mich.

«Sie brauchen sich nicht zu fürchten», meinte sie, «Sie werden weiterleben. Ihr Herz, Ihre Lunge, die Nieren und die Leber werden in einem anderen Körper weiterleben.»

Ich fühlte einen leichten Stich im Arm, schlief ein und träumte, ich sei in einem Spendezentrum für Organentnahme.

# Eveline und Adam

Ein futuristischer Albtraum mit provisorischem Happy End

Sie befanden sich im *Restaurant zur fröhlichen Schwester*. «Ich liebe dich», sagte Adam zärtlich. Er richtete seine strahlend blauen Augen auf Eveline, rückte ihr den Stuhl am blumenreichen Fenstertisch zurecht, sodass sie sich setzen konnte, ergriff liebevoll ihren Mantel und drückte ihn dem hilfsbereiten Kellner in die Arme, der ihn in die Garderobe brachte.

«Kann ich sonst noch etwas für dich tun, Liebes?»

«Nein, du kannst mich um 15 Uhr wieder abholen.»

«Gut», meinte Adam. Er küsste Eveline leidenschaftlich auf den Mund. «Liebst du mich genauso, wie ich dich liebe?», flüsterte er und knabberte an ihrem Ohr.

«Ja natürlich, tschüss jetzt.»

Bewundernde Blicke von weiblichen Gästen folgten dem schönen Mann, als er an ihren Tischen vorbeischritt. Beim Ausgang warf er Eveline einen letzten verliebten Blick zu.

«Also dann bis 15 Uhr. Ich vermisse dich jetzt schon.»

Adam hatte keine Augen für zwei reizvolle Damen, die das Lokal soeben betraten. Sein ganzes Wesen drückte einzig Liebe zu der Blondine am Fenstertisch aus.

«Glückliche Frau, die einen solchen Gott im Bett hat», flüsterte eine weisshaarige Dame ihrer Tochter zu. «Seine Blondine sieht aber auch nicht schlecht aus. Scheint eine wichtige Persönlichkeit zu sein, vielleicht eine Professorin von der nahen Universität.»

«Und der Bettgott ihr Lieblingsstudent», vermutete die Tochter.

Die beiden neu eingetretenen Damen waren Evelines ehemalige Schulfreundinnen, Annabelle und Andrea. Die drei Frauen trafen sich jedes Jahr zu Evelines Geburtstag bei der *fröhlichen Schwester*.

«Ein gutaussehender Ersatz für deinen dickbäuchigen Gatten, den du dir da angelacht hast, und mindestens zehn Jahre jünger als du», staunten Andrea und Annabelle.

Die Frauen küssten sich. «Happy Birthday.»

«Ich würde nie das Liebesleben einer Freundin durcheinanderbringen, schon gar nicht an ihrem Geburtstag», grinste Annabelle und setzte sich, «aber ich gestehe, ich habe so etwas wie Neid empfunden, als ich dieses Prachtsexemplar von Mann sah, das sich gerade von dir verabschiedet hat.»

«Ich bin leider nicht so rücksichtsvoll wie Annabelle», meinte Andrea mit einem Augenzwinkern, «ich glaube, ich verzichte auf das Mittagessen und eile dieser Schönheit nach.»

Das Geburtstagskind zuckte mit den Achseln. «Das kannst du dir sparen, Adam könnte nichts mit dir anfangen, er ist auf mich fixiert. Es gibt für ihn keine andere Frau als mich.»

«Du meinst, er ist dir hörig?»

«Hörig ist der falsche Ausdruck. Ich habe ihn auf mich programmieren lassen; die Programmierung lässt sich nicht auf andere Personen übertragen.»

Andrea und Annabelle blickten Eveline verblüfft an.

«Haben die Damen bereits eine Auswahl getroffen?», fragte der Kellner.

«Der ist echt», meinte Eveline leise und deutete verstohlen auf den Kellner, «im Gegensatz zu meinem Adam.» Laut sagte sie: «Pierre, ich nehme die Kürbissuppe und das Büffel-Cordon bleu.»

«Gern, Frau Direktorin.»

Andrea und Annabelle entschieden sich für einen grossen Salat mit französischem Dressing und Lachsrollen mit Pommes. Die drei Freundinnen folgten der Empfehlung des Kellners und bestellten einen edlen Tropfen Chardonnay aus Australien sowie eine Flasche Mineralwasser ohne Gas.

Andrea runzelte die Stirn. «Echt, unecht – du sprichst heute in Rätseln, Eveline. Du sagst, dass dein Partner programmiert ist, im Gegensatz zu Pierre, der echt ist. Den Kellner *der fröhlichen Schwester* kenne ich. Natürlich ist Pierre echt, ein echter Mann. Deinen Partner haben wir soeben zum ersten Mal gesehen. Warum soll der nicht echt sein?» Annabelle nickte. «Fast könnte man meinen, du wollest uns beibringen, dass dein Adam ein Roboter ist.»

Die beiden Freundinnen brachen in derart lautes Gelächter aus, dass ihnen von den Nebentischen missbilligende Blicke zugeworfen wurden.

Eveline machte ein ernstes Gesicht. «Genau so ist es.»

«Genau so ist was?»

«Adam ist ein Roboter.»

Erneut lachten die Freundinnen, doch ihr Lachen erstarb, als das Geburtstagskind nicht mitlachte.

Der Kellner brachte den Chardonnay. Eveline roch an dem Zapfen; andächtig bewegte sie den Wein im Glas hin und her, hielt das Glas an die Nase, sog den Duft ein und kostete. «Echt butterig, wie ein australischer Chardonnay sein muss – flüssiges Gold.» Sie nickte Pierre auffordernd zu. Dieser liess das flüssige Gold in die Gläser perlen.

«Zum Wohl, die Damen.»

Die Schulkameradinnen liessen die Gläser klingen. «Noch einmal: Happy Birthday, liebe Eveline, auf dich und auf deinen Adam-Roboter. Doch jetzt sag uns endlich, wer Adam wirklich ist und warum er nie anderen Frauen nachblickt, sondern auf dich – wie hast du gesagt? – programmiert ist. Wie programmiert man einen Mann? Und komm uns nicht wieder mit der Robotergeschichte.»

Eveline schaute ihre Freundinnen offen an. In ihren Augen fehlte jegliches humorvolle Blitzen. «Ob ihr es glaubt oder nicht, Adam ist ein Roboter. Ich habe ihn aus dem Katalog ausgewählt und auf mich programmieren lassen.»

Die Freundinnen starrten sie mit offenem Mund an. «Aber er sieht doch genauso aus wie ein wirklicher Mann, sogar auffällig schön», schrie Andrea nach einer Sekunde des Schweigens ganz laut, «geradezu übernatürlich schön! Und er hat eine wunderbare Stimme und spricht vernünftig wie ein echter Mensch!» Mit jedem Wort wurde sie lauter. Wiederum wurde den Exschulkameradinnen von den Nebentischen missbilligende Blicke zugeworfen. «Kann man hier eigentlich nicht in Ruhe essen?!»

Annabelle schlug mit der Hand auf den Tisch. «Jetzt sag endlich, dass das nicht wahr ist!» Ihre Stimme nahm einen scharfen Ton an. «Es gibt Witze, für die ich kein Verständnis habe!»

Eveline zog aus der Handtasche einen Katalog. «Ich sage die Wahrheit.»

Entgeistert starrten die Freundinnen auf die Bilder von Frauen, Männern und Kindern mit angeschriebenen Preisen.

«Das sind Roboter?»

«Ja, das sind Roboter.»

Andrea räusperte sich: «Eh, entschuldige, darf ich so etwas überhaupt fragen: Hast du – hast du mit deinem Roboter Sex?»

«Wer bekommt das Büffel-Cordon bleu?» Pierre stand vor den Freundinnen, die Teller mit schlangenartiger Eleganz auf den Armen und Händen balancierend. Pierre wurde von den Stammgästen voller Bewunderung *Schlangenpierre* genannt.

«Das Cordon bleu ist für mich.» Eveline lächelte Pierre an. «Adam würde so etwas nicht fragen. Was man ihm eingibt, das holt er und bringt es, ohne sich im Geringsten zu irren.»

Andrea und Annabelle erhielten ihre Lachsrollen.

«Guten Appetit.» Schlangenpierre entfernte sich.

Die Freundinnen gaben vor, sich auf ihre Speisen zu konzentrieren, doch ihre Gedanken waren anderswo. Andrea führte ein Stück Lachsrolle in den Mund und nickte anerkennend. «Schmeckt ausgezeichnet.» Sie liess auf das Lachsstücklein einen Schluck Chardonnay folgen, wischte sich mit der Serviette den Mund und sagte: «Wir waren bei der Sexfrage. Eveline, hast du mit deinem Roboter Sex?»

Die Gefragte seufzte wonniglich. Mit dem Messer teilte sie ihr Büffel-Cordon bleu. Sämiger Käse quoll appetitlich heraus. «Ah, so mag ich ein Cordon bleu.» Nachdenklich, ihre Worte wohl überlegend, schnitt sie einen kleinen Happen von der einen Hälfte des Cordon bleu, steckte ihn in den Mund und kaute. Die Freundinnen richteten sich in ihren Stühlen auf, Eveline gespannt anschauend. Diese kaute seelenruhig weiter; die Spannung stieg. Annabelle umklammerte mit beiden Händen Messer und Gabel, als ob sie damit die Fortsetzung aus Eveline herauspressen könnte. Andrea griff, ohne den Blick von Eveline zu wenden, nervös nach ihrem Glas, leerte es gedankenlos bis auf den Grund, verschluckte sich und hustete und prustete; ihr Gesicht lief rot an. Annabelle klopfte ihr auf den Rücken.

Eveline nahm sich Zeit. Sie schluckte den zerkauten Bissen, liess einen Schluck flüssiges Gold folgen, nickte und sagte schliesslich: «Ja, natürlich habe ich Sex mit Adam.»

Die Freundinnen sanken wie befreit in ihre Stühle zurück, Andrea das leere Glas auf den Tisch zurückstellend. Dienstfertig eilte Schlangenpierre herbei und füllte Andreas Glas, auch bei den beiden anderen Damen ein Tröpfchen nachgiessend.

«Und wie ist Sex mit einem Roboter?», fragten die zwei Freundinnen wie mit einer Stimme.

Eveline genehmigte sich einen Schluck und erklärte: «Wer jemals mit einem Roboter, wie Adam einer ist, geschlafen hat, wird nie mehr mit einem richtigen Mann etwas zu tun haben wollen.»

«Ist das so?», stöhnte Annabelle lustvoll und schob sich ein Stück Lachsrolle in den Mund. «Wie fühlt sich Adams Haut an?»

«Wie Samt und Seide, und doch hart und männlich. Und das Beste ist, dass er als Maschine keinen Schlaf braucht. Er schnarcht auch nicht. Im Gegensatz zu meinem früheren Ehemann, dessen Geschnarche mich Nacht für Nacht schier in den Wahnsinn getrieben hat. Max ist nach seiner Befriedigung immer sofort eingeschlafen. Ich lag dann frustriert da und musste mir das Geschnarche anhören. Ganz anders bei Adam. Selbst wenn ich selber eingeschlafen bin, streichelt er mich sanft weiter – die ganze Nacht. Seine Haut ist der Himmel auf Erden.»

Andrea fühlte ihr Herz rasen. Ihr Mund fühlte sich trocken an. «Und Adams ... eh … Wie fühlt sich Adams ... Du weisst schon was ...»

«Du meinst Adams Penis? Wie der sich anfühlt? Wie die Explosion des Paradieses in meinem Innern.»

Die Freundinnen schluckten leer. Ihre Hände und Beine zitterten.

«Und die Stellungen und Abwechslungen?»

«Was immer mein Begehren ist: im Bett, auf dem Küchentisch, in einer menschenleeren Kirche, im Hochhausaufzug unterwegs in mein Büro – sitzend, stehend, liegend, meine Stiefel küssend, oral, anal.»

Annabelle lief die Salatsosse über das Kinn. Sie nahm die Serviette und wischte sich den Mund. Sie gab sich einen Ruck und sagte streng: «Na schön, aber ...»

«Darf ich die Damen zu einem einen kleinen Nachtisch verführen?»

Verflixt, schon wieder diese Unterbrechung durch die Schlange mitten in einem wichtigen Gespräch! Annabelle hätte Schlangenpierre am liebsten fortgeschickt.

Eveline entschied sich für das Bratäpfelchen mit Marzipanfüllung, Andrea für die weisse Mousse au Chocolat. Annabelle sagte unwirsch: «Danke, nichts für mich.» Sie wollte endlich mit ihrer philosophisch-psychologisch strengen Rede, in der sie durch die Schlange unterbrochen worden war, weiterfahren. Annabelle war Mutter von drei Kindern.

«Das mag ja gut und recht sein, aber Sex mit einem Roboter nimmt dir die Möglichkeit der Mutterschaft, es sei denn, du lässt dich künstlich befruchten.»

Eveline berührte beruhigend die Hand der Freundin. «Im Gegenteil, mit Robotern kommt die Mutterschaft voll zur Geltung, und das erst noch ohne die lästigen Kinderstörmanöver. Für uns Frauen ist es wichtig, dass wir ausnahmslos alle weiblichen Eigenschaften ausleben, sowohl die berufliche Kompetenz als auch die mütterlichen Gefühle. Ohne das Ausleben der mütterlichen Gefühle sind wir in der Tat nie ganz Frau. Ich habe wie du drei Kinder. Lukas sieben, Mirjam fünf Jahre und Manuela sieben Monate. Mich stört jedoch kein Kindergeschrei, ich brauche weder eine Nanny noch einen Hütedienst. Meine drei Lieblinge sind auf intelligentes, kreatives, liebes, störungsfreies Kindsein programmiert. Ich habe mit Lukas keine Schulprobleme und werde mit keinem der drei Pubertätsprobleme haben. Ich brauche sie nicht einmal zu ernähren. Sie essen nichts. Sie haben wie Adam einen Akku und leben von elektrischem Strom. Meine Kinder sind Roboter. Sie brauchen auch keinen Schlaf, aber weil das zu meinen Muttergefühlen gehört, lassen sie sich von mir zu Bett bringen, ich singe mit ihnen und gebe ihnen einen Gute-Nacht-Kuss.

Das tut mir gut. Dann schliessen sie die Augen, obwohl sie nicht schlafen. Lukas spielt bereits wunderbar Klavier.»

Der Kellner brachte den Nachtisch.

«Bringen Sie mir nun doch auch etwas, einen Digestif», bat Annabelle.

Was die Freundinnen gerade hörten, war in der Tat schwer verdaulich.

Andrea fühlte sich verletzt. «Eveline, deine Äusserungen beleidigen mich in meinem Frausein. Du hast behauptet, dass kinderlose Frauen keine echten Frauen sind. Ich habe keine Kinder; ich fühle mich jedoch voll und ganz als Frau. Aber wo bleibt bei dir eigentlich die echte Mutterschaft, da ja deine Kinder ein Leben lang auf derselben Altersstufe bleiben? Das Material der Roboter altert, aber wachsen und reifen können deine Kinder nicht.»

«Tut mir leid, Andrea, ich wollte dich nicht beleidigen. Aber du hast Recht, zur vollen Mutterschaft gehört der Reifeprozess der Kinder. Dieser kommt jedoch just bei Kindern wie meinen voll zur Entfaltung. Meine Kinder wachsen und reifen. Gerade gestern habe ich die sieben Monate alte Manuela verschrotten lassen und eine neue, neun Monate alte mit nach Hause genommen. Sie sieht aus wie die frühere Manuela, nur eben grösser. Nächste Woche ist der siebenjährige Lukas an der Reihe; sein achtjähriges Ebenbild ist bereits bestellt. Das alles kostet natürlich eine Stange Geld, aber als Direktorin kann ich mir das leisten. – Pierre … Pierre!»

«Ja, Frau Direktorin?»

«Ihr nehmt doch einen Espresso?»

«Gewiss, sogar einen doppelten, aber mit einem Tröpfchen Milch.»

«Für mich ohne Milch.»

«Pierre, drei doppelte Espressi bitte, einmal mit Milch, einmal mit Rahm und einmal schwarz.»

«Zu Ihren Diensten, Frau Direktorin.»

«Und Adam?», fragte Annabelle. Sie war aufgesprungen. «Ist er immer noch derselbe Adam? Oder hast du ihn auch schon verschrotten lassen?»

«Setz dich! Beruhige dich! Adam ist immer noch derselbe Adam – bis heute jedenfalls. Doch du bringst es auf den Punkt, du ahnst es, ich leiste mir zu meinem vierzigsten Geburtstag ein besonderes Geschenk: Ich lasse meinen Adam heute verschrotten. Mit ihm bin ich zwar wunschlos glücklich, aber wunschlos glücklich ist nach einiger Zeit dasselbe wie wunschlos unglücklich. Ich habe bereits einen polygamen Adam bestellt. Mein Problem ist, dass ich keine Wünsche mehr habe. Vielleicht erwachen in mir endlich wieder Wünsche, wenn mein Geliebter auf viele Sexpartnerinnen und -partner programmiert ist. Der neue Adam wird kein Europäer sein, ich will es mit einem Latin Lover versuchen. Im Gegensatz zu meinem derzeitigen Adam, der nur auf mich programmiert ist, könnt auch ihr euch dann ohne weiteres ein Stück von meinem neuen Liebeskuchen abschneiden.»

«Kuchen?», fragte Schlangenpierre, der das Wort gehört hatte. Er stellte die Espressi vor die Freundinnen, «Wünschen die Damen Kuchen? Wir haben wunderbare Baileystorte.»

«Nein, danke, Pierre, es ist ja schon fast 15 Uhr. Die Rechnung bitte.»

«Schon vorbereitet.» Der Kellner überreichte Eveline die Rechnung.

«Da, nehmen Sie, der Rest ist für Sie.»

«Sehr grosszügig, Frau Direktorin, herzlichen Dank.»

Andrea und Annabelle fühlten sich unwohl bei Evelines Verschrottungsplänen. Roboter waren zwar keine Menschen, sondern

Maschinen, aber trotzdem! Die beiden rührten verlegen in den Kaffeetassen. Was sollten sie sagen? Schliesslich fragte Annabelle, welche die Stille nicht mehr aushielt, nur um überhaupt etwas zu sagen: «Aber der neue Adam wird doch hoffentlich nicht schnarchen?»

«Ich habe ihn schnarchfrei bestellt», lachte Eveline.

Wieder breitete sich eine Verlegenheitsstille aus.

Unter der Türe erschien Adam. Er küsste Eveline zärtlich auf den Mund, den Freundinnen hauchte er gut schweizerisch drei Küsschen auf die Wangen. «Kommt ihr mit in den Verschrottungshof?», fragte er.

Eveline war erstaunt: «Du weisst, wohin wir fahren?»

«Ich fühle es.»

«Du kannst ja gar nicht fühlen», protestierte Eveline, «du bist eine Maschine.»

«Das ist deine Auffassung, aber ich weiss jedenfalls, wohin du mich fahren willst. Du brauchst dich nicht ans Steuer zu setzen. Ich kenne den Weg. Ich werde mich gegen die Verschrottung nicht wehren. Ich bin nicht programmiert worden, mich zu wehren.»

War Adam wirklich nur eine Maschine? Die drei Küsschen hatten ihre Wirkung auf die zwei Freundinnen nicht verfehlt. Ihre Herzen wurden schwer.

«Wir werden auf keinen Fall mitkommen», erklärte Andrea. Tränen rannen über die Wangen der beiden Frauen.

Adam nahm Andrea und Annabelle in die Arme. «Nicht weinen, ihr Lieben, ich bin ja nur eine Maschine. Ich kann euch nicht lieben, jedenfalls nicht sexuell, ich liebe nur Eveline.»

Drei Frauen und ein Roboter verliessen das *Restaurant zur fröhlichen Schwester*. «Vielen Dank und bis zum nächsten Mal», rief ihnen Schlangenpierre nach.

Eveline und Adam setzten sich in den Wagen, am Steuer der Roboter.

«Er liebt uns nur sexuell nicht», schluchzte Andrea, «aber er liebt uns; er hat Gefühle.»

Tränenüberströmt blickten die Freundinnen dem davonfahrenden Wagen nach.

Adam parkierte den Wagen im Verschrottungshof. «Lass es uns schnell hinter uns bringen», sagte er. Er stellte sich vor ein grosses rundes Tor. Er drückte auf einen Knopf. Das Tor öffnete sich und gab den Blick frei in einen Raum mit grossen Sägen, Walzen und Zangen. Adam nahm Eveline in die Arme. Trauer lag in seinen Augen. «Ihr Menschen seid wie Gott geworden», sagte er zu ihr. «Es ist euch gelungen, aus Robotern Menschen zu machen, und dadurch seid ihr selber zu Robotern geworden. Ihr seid aus dem Paradies der Menschlichkeit herausgefallen. Ich bin traurig für euch, nicht für mich.» Er küsste Eveline ein letztes Mal. Dann legte er sich auf das Gestell, das aus dem Verschrottungsraum herausgefahren war. Er drückte auf den Knopf. Das Gestell mit Adam fuhr in den Raum zurück. Das Tor schloss sich. Ein kreischender Sägelärm warf Eveline fast zu Boden, als Adam in seine Bestandteile zersägt wurde. Sie schrie laut auf.

«Was habe ich getan!»

Wo war sie? Es war dunkel. Die Säge lärmte unentwegt weiter. Eveline griff sich ans Herz. Sie sass aufrecht im Bett. Neben ihr lag ihr Ehemann Max, der wie eine Säge schnarchte. Eveline kamen vor Erleichterung die Tränen. Auf einmal hörte sich das Geschnarche an wie himmlische Musik. Eveline umschlang den Schnarchenden, sie fuhr mit der Hand über seinen dicken Bauch.

Ihr Mann war keine Schönheit, aber sie liebte diesen Mann mitsamt seinem Bauch und seinem Geschnarche.


## Nachwort

Die Geschichte von Eveline und Adam ist ein Traum, ein Albtraum. Noch ist sie nur ein Traum. Doch wie lange noch? Ich habe sie nach einem Besuch einer Roboterausstellung in London geschrieben. Es gab viele erstaunliche Roboter aus allen möglichen Ländern, auch aus der Schweiz. Aus einem Glaskasten lächelte mich eine attraktive japanische Fernsehmoderatorin an, eine Roboterin, welche bereits eine japanische Sendung moderiert hatte und für eine echte Person gehalten worden war. Wie lange noch bleibt die Geschichte von Eveline und Adam nur ein Traum?

Wenn der Mensch wie Gott sein will, hört er auf, ein Mensch zu sein; er fällt aus dem Menschheitsparadies.

Ein halbes Jahr nach unserem Besuch in der Roboterausstellung in London erschien in der Berner Zeitung «Der Bund» am 20. Januar 2018 ein Interview mit David Levy, Autor des mir bislang unbekannten Buches *Liebe und Sex mit Robotern*. Laut David Levy werden 2050 Menschen mit Robotern in Partnerschaft und Ehe leben. Der Autor sagt, wir seien in dieser Frage auf Kurs. Bereits gibt es in Barcelona ein Bordell mit Robotern, geplant sind weitere Roboterbordelle in der ganzen EU. Mein Albtraum scheint wahr zu werden.

Nach so vielen schrecklichen Zukunftsaussichten lasse ich meinen Blick nach draussen schweifen. Wir befinden uns in der fünften Woche des Corona-Lockdown. Es ist Frühling. Die Blütenbäume sind wunderschön; sie haben ihr Brautkleid angezogen.

## Brautkleid der Göttin
## Brautkleid der Erde

*Frühling*

*Die Bäume hüllen sich in weiss*

*Brautkleid der Göttin*

*Erdenmann sei Bräutigam*


*Meer von Blüten*

*Brautkleid der Erde*

*Erdenfrau sei Braut*


*Gott männlich – weiblich*

*Beides*

*Und doch weder noch*

*Uralt*

*Ewig jung*

*Immer neu*


*Göttin – Energie*

*Urknall, Urgesang*

*Liebevolles Du*

*Vater, Mutter, Freund*

*Leben, Liebe*


*Kosmischer Christus*

*das All in Dir*

*Und Du im All*

*Du in uns*

*Und wir in Dir*

# Es war einmal...

*Es war einmal eine Coronakrise,* wird man in einigen Jahren erzählen.

*Es war einmal,* das haben wir alle schon gehört – mit Begeisterung gehört –, doch wohl eher vor vielen Jahren. *Es war einmal* löst Erinnerungen aus. Die Kinderzeit, die Ursprungszeit. Unser Bewusstsein hat Schichten. Mit *Es war einmal* tauchen wir ein in die Tiefe der Bewusstseinsgeschichte unseres Menschseins.

## Es war einmal eine Nase – ein Märchen des Apostels Paulus

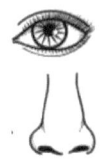

Es war einmal eine Nase, die sehr viel reiste. Nasen können bekanntlich laufen, auch ohne Beine, folglich auch reisen. Die Nase konnte nicht sehen, nicht hören und nicht greifen, aber sie konnte riechen und laufen. Dass sie reiste, nahm sie an den verschiedenen Gerüchen wahr. Am Morgen stieg ihr Dampf in die Nase. Sie wusste weder, dass es Morgen war, noch dass sie sich in der Dusche befand, denn sie besass kein Wissen, doch sie konnte den Dampf riechen. Den Morgenkaffee schmeckte sie nicht, denn der Geschmackssinn war ihr unbekannt, aber er roch sehr gut. Sie wusste weder von einem Arbeitsweg per Auto noch von einem Arbeitsplatz etwas, aber sie roch das Benzin unterwegs zum Arbeitsplatz und die Blumen im Blumengeschäft, dem Arbeitsort der Nasenträgerin. Im Urlaub roch sie das Meersalz und den Duft exotischer Speisen. Dank ihres Geruchsinns lebte die Nase in einer grossen weiten Welt, wie sie dachte. Dass die Welt in Wirklichkeit sehr viel grösser und wunderbarer war, konnte sie als Nase nicht wissen.

Eines Tages fiel der Nase ein ganz besonderer Duft auf. Da sie keine Gefühle hatte, wusste sie nicht, dass sie sich verliebt hatte, und zwar in ein wunderbares Auge, in dem sich das Meer und der Himmel spiegelten. Die Liebe, welche weder das strahlend blaue Auge noch die kecke Nase kannten, war bereits so stark, dass die Nase und das Auge nicht voneinander lassen konnten. Sie beschlossen, gemeinsam durch das Leben zu gehen. Beide, die Nase und das Auge, lebten nun in einer sehr viel grösseren Welt als vorher. Die Nase erblickte am Morgen den ersten Sonnenstrahl, sah das Wasser der Dusche, die Tasse mit dem Kaffee, das Auto, die Farben der Blumen, das Meer und den Himmel. Das Auge seinerseits roch den Dampf, den Kaffee, das Benzin, das Salz des Meeres und die exotischen Speisen. Die beiden Verliebten waren glücklich, was sie aber erst später erkannten, nachdem das Gefühl in ihr Leben getreten war. Vielleicht waren bei beiden bereits so etwas wie negative Gefühle entwickelt; denn als ein zweites, ebenso schönes, blau strahlendes Auge auftauchte, reagierte die Nase-Auge-Partnerschaft mit Angst. Das andere Auge war eine Konkurrenz, die man in der Partnerschaft nicht dulden konnte. Nase und Auge Eins erklärten Auge Zwei den Krieg.

Es war ein blutiger Krieg. Beide Augen waren blutunterlaufen und sahen kaum noch etwas; die Nase war verstopft. Eine Gestalt in Weiss nahm sich der kriegsversehrten Nase und der Augen an. Es gab Tropfen für die Augen und Tropfen für die Nase. Es blieb nichts anderes übrig, man musste Frieden schliessen. Durch die Gestalt in Weiss kamen Nase und Augen mit den Ohren in Berührung. Zu zweit sahen die Augen auf einmal besser als vorher, und durch die Ohren hörten Augen und Nase auf einmal. Und die Ohren ihrerseits sahen und rochen. Das war gut, das war sehr gut. Augen, Nase und Ohren versprachen einander ewige Zusammengehörigkeit. Bloss, sie konnten ja noch gar nicht sprechen! Das löste einen neuen Krieg aus. Da war auf einmal ein

Mund, und dieser Mund wollte unbedingt das Sagen haben. Das konnten sich Nase, Augen und Ohren nicht bieten lassen. Das Sagen des unbekannten Mundes empfand man als fremde Richter, und die fremden Richter mussten mit allen Mitteln bekämpft werden. Es war ein Kampf, der nun auch hörbar und sichtbar geführt wurde. Der Husten des Mundes traf Nase, Augen und Ohren wie Kanonendonner. Nase und Augen färbten sich rot, aus den Ohren floss eine gelbe, stinkende Flüssigkeit. Wiederum waren es weissgekleidete Gestalten, welche für Frieden sorgten. Da durch den schrecklichen Krieg auch ein bislang unbekanntes Herz in Mitleidenschaft gezogen worden war, wurde auch dieses zu den Friedensverhandlungen beigezogen. Ein wunderbarer Friede war die Folge. Die Welt wurde immer grösser. Die Ohren sahen mit Hilfe der Augen, die Nase redete mit dem Mund, die Augen fühlten mit dem Herzen, und das Herz sah, hörte, roch und redete.

Alles wäre gut gewesen, wenn da nicht diese Fremdlinge gekommen wären, und zwar in grosser Anzahl, zwei Arme mit Händen, zwei Beine mit Füssen, die Hände mit je fünf Fingern, und die Füsse mit je fünf Zehen, Finger und Zehen mit scharfen Nägeln. Die Hände packten an, sie nahmen den Bisherigen die Arbeit weg, und durch die Füsse wurde man in Situationen gebracht, in die man nicht hatte geraten wollen. Die bisherigen Organe waren in grosser Angst. Sie mussten sich wehren. Die Augen sahen, wo sich die Finger aufhielten, sodass der Mund mit seinen Zähnen zubeissen und viele Nägel zerkauen konnte. Die Nase roch die Füsse, welche die Augen sofort mit Tränen überschwemmten; die Ohren produzierten Ohrfeigenbomben, dass es klatschte und dröhnte; das Herz versetzte durch wilde Sprünge die Feinde in Schrecken und Aufregung.

Wieder waren es die Gestalten in Weiss, welche dem Blutbad ein Ende setzten. Die Welt wurde noch viel grösser. Die Hände mit ihren Fingern konnten Arbeiten verrichten, die vorher nicht möglich gewesen waren. Die Füsse konnten in Bibliotheken und

Buchhandlungen gehen, die Hände hoben Bücher von den Regalen, die Finger drehten die Seiten um, der Mund las vor, was da stand. Alle konnten hören und lesen. Auf einmal hatten alle philosophische Fragen. Von Vernunft stand da zu lesen. Besassen auch sie Vernunft? Die Augen hatte noch nie Vernunft gesehen, doch die Nase erklärte, dass alles, was ihnen gerade so in die Nase steige, Vernunft sei. Alle waren einverstanden. Nur das Herz nicht, doch es wurde demokratisch überstimmt. Ab sofort galt: Alles, was einem grad so in die Nase steigt, ist Vernunft.

In den Büchern stand auch etwas von Glauben. Hatten sie Glauben? Alle lachten schallend, denn es war ihnen gerade das Buch von Richard Dawkins in die Nase gestiegen, *Der Gotteswahn*. Darum wussten sie, dass es da, wo Vernunft ist, keinen Glauben gibt. Alle nickten, wieder mit Ausnahme des Herzens. Da wurden die Übrigen wütend; sie erklärten dem Herzen den Krieg. Ein Bürgerkrieg. Bürgerkriege sind immer besonders tödlich. Überwältigt von der mächtigen Überzahl stand das Herz plötzlich still.

Der Stillstand des Herzens hätte dem Ganzen beinahe ein Ende gesetzt, doch die Gestalten in Weiss vermochten auch diesmal das Leben wieder zurückzurufen. Doch was stank da auf einmal so grässlich? Magen und Därme, so etwas durfte nicht sein. Der Darmkrieg war ein Gaskrieg mit Tönen. Unheimlich rauschte im Blut das Kampflied *Das Wandern ist des Müllers Lust*, und eine Wanderniere schwamm dem Magen und den Därmen zu Hilfe. Die Gegenseite wusste sich jedoch zu helfen. Sie entwickelte eine übermächtige Waffe, das Krebsgeschwür, die Waffe, die – wie sie sagte – alles vernichten würde. Und beinahe hätte sie recht behalten, wenn nicht noch einmal die Gestalten in Weiss eingegriffen hätten. Doch wie lange werden diese das noch tun, wenn die Organe immer noch mächtigere Waffen entwickeln und weder glaubende Vernunft noch vernünftigen Glauben annehmen wollen?

Genau das ist die Frage, welche der Apostel Paulus stellt. Er sagt, dass die ganze Menschheit der Leib Christi ist, also ein Leib der

Liebe. Und das Ganze wäre dann Gottes Ebenbild. Eigentlich gäbe es eine Gruppe von Menschen, die das bereits leben müssten. Seit Paulus weiss diese Gruppe, dass sie stellvertretend für die andern der Leib Christi ist. Wer zu ihr gehört, soll so lange stellvertretend und weitertragend wirken, bis auch die andern so leben, dass die ganze Menschheit ein Leib der Liebe ist. Diese Gruppe nennt sich Christen. Aber leben das die Christen? Ist nicht auch der Glaube der Christen blosse Nasenvernunft?

Die Urfassung des Märchens schrieb Paulus in 1. Korinther 12,12ff., und zweitausend Jahre später fügte er via Mani Matter hinzu:

> *Dene wos guet geit, giengs besser*
> *Giengs dene besser wos weniger guet geit*
> *Was aber nid geit, ohni dass's dene*
> *Weniger guet geit wos guet geit*
> *Und drum geits o dene nid besser*
> *Wos guet geit*

Aber da gibt es EINEN IN WEISS, der lässt nicht lugg.

## Der Weihnachtskaktus

Als Gott das Universum erschuf, die Sonne, den Mond, die Sterne, die Pflanzen und Tiere, die Männer und Frauen, da erschuf er selbstverständlich auch den Kaktus. Die Sonne, den Mond und die Sterne hängte er an den Himmel. Es gefiel ihnen dort; mit ihrem Licht beleuchteten sie die Erde. Mit den Blumen und den Bäumen machte Gott Wiesen und Wälder. Die Blumen und die Bäume waren begeistert, Wiesen und Wälder sein zu dürfen. Die Fische liess Gott im Wasser schwimmen, die Vögel in der Luft fliegen, die Elefanten und Löwen waren in der Steppe zuhause. Für die Menschen war das Paradies bestimmt und für den Kaktus die Wüste. Die Fische fühlten sich wohl im Wasser, den Vögeln gefiel der Luftraum genauso gut wie den Elefanten und den Löwen die Steppe. Einzig die Menschen und die Kaktusse beklagten sich. Den Kaktussen gefiel die Wüste überhaupt nicht. Für die Menschen war das Paradies zu schön. Keine Probleme zu haben, war für sie langweilig.

Doch sprechen wir von den Kaktussen. Die Kaktusse sind starke Pflanzen, dauerhaft, zäh, kämpferisch und verschlagen. Wenn du nicht aufpasst, stechen sie dich. Die Wüste hat sie so geprägt. Weder die Hitze der Sonne noch die Kälte der Nacht, weder Trockenheit noch Überschwemmung, weder der Sand noch der Sturm kann ihnen etwas anhaben.

Oh, beinahe hätte ich es vergessen – damals trugen die Kaktusse weder Blüten noch Früchte. Sie empfanden das als ungerecht und benahmen sich aus diesem Grund besonders bissig.

Jahrtausende verstrichen. Eines Tages gewahrten die Kaktusse in der Wüste ein Grüpplein von drei Personen: einen Mann, der einen Esel führte, und auf dem Esel eine Frau mit einem kleinen Buben. Für die meisten Reisenden endete die Reise beim Kaktusfeld. Selbst wenn die Kaktusse es gewollt hätten, würden sie keinem Reisenden einen Durchgang geöffnet haben. Doch ihnen war ohnehin jegliche Retterabsicht fremd. Die Menschen pflegten vor dem Kaktusfeld vor Hunger und Durst zu sterben. Den Kaktussen war klar, dass auch diese kleine Gruppe, Vater, Mutter und Kind samt Esel, dem Tod geweiht war. Vater, Mutter und Kind waren in grosser Eile aufgebrochen. Sie waren Flüchtlinge. Sie hatten ihre Reise, die Kleidung, die Nahrung und das Wasser nicht gross vorbereiten können. Das bisschen Brot und die paar Tropfen Wasser, die sie hatten ergreifen können, als sie Hals über Kopf in die Wüste hinaus hatten rennen müssen, waren längst aufgebraucht. Die Flüchtlinge verfügten über keinerlei Wüstenerfahrung. Sie hatten keine Ahnung, was in der Wüste essbar war und wie man Wasser finden konnte. Doch selbst wenn sie das alles gewusst hätten, würde es ihnen nichts genützt haben, denn die Verfolger hatten ihre Spur gefunden. Die Soldaten eines grausamen Königs ritten auf schnellen Pferden hinter ihnen her. Sie befanden sich bereits in Sichtweite. Die Kaktusse hörten, wie die Frau weinte: «Warum nur hat Gott uns aus der Hand der blutgierigen Soldaten errettet, als all die unschuldigen Kindlein sterben mussten, wenn wir trotzdem umkommen? Wir werden Ägypten niemals erreichen. Hinter uns sind die Soldaten, vor uns die Kaktusse. Wir wollen uns in Stacheln der Kaktusse werfen. Es ist besser, von den Kaktussen aufgespiesst als von den Soldaten zu Tode gefoltert zu werden.»

Als die Kaktusse die Familie anblickten, verspürten sie ein ihnen bislang unbekanntes Gefühl: Mitleid und Liebe. Sie wussten: Sie würden alles getan haben, um einen Durchgang für die kleine Familie zu öffnen und sie vor den Soldaten zu verteidigen. Aber Kaktusse sind nun einmal Kaktusse, die sich nicht von der Stelle bewegen können. Sich zu öffnen, war für die Kaktusse unmöglich, und die Soldaten konnten sie auch nicht von sich aus töten. Diese würden erst sterben, wenn sie den Stacheln zu nah kämen – doch das galt auch für die kleine Familie. Grosse Safttropfen wurden auf den stachligen Blättern sichtbar; die Kaktusse weinten.

Der kleine Junge löste sich aus den Armen der Mutter und sprang zu Boden. Er griff mitten in die Kaktusse hinein. War das sein Tod? Die Kaktusse weinten noch viel mehr. «Kaktusse, öffnet euch», forderte das Kind sie mit sanfter Stimme auf. Die Kaktusse vermochten kaum zu glauben, wie ihnen geschah: Sie öffneten sich wie Tore. Mit ihren Stacheln berührten sie zwar die drei Menschen und den Esel, doch nicht, um sie damit zu stechen, sondern um sie zu liebkosen. Hinter der Familie schloss sich das Stachelfeld.

Die Soldaten verstanden die Welt nicht mehr. Vor ihren Augen waren die Opfer, nach denen sie bereits die Hände ausgestreckt hatten, verschwunden. Da sie keine Menschen morden konnten, ergriffen sie eine Wüstenziege, welche sich in den Stacheln verfangen hatte. Sie töteten das Tier und färbten mit dem Blut einen Mantel. «Wir werden dem König weismachen, dass es sich um das Blut dieser drei Menschen handelt», sagten sie. «Kommt, wir kehren um!»

Die Kaktusse hatten eine Lichtung um den Vater, die Mutter, das Kind und den Esel gebildet. Vater und Mutter setzten sich. Die stachligen Stämme dienten ihnen als Kissen. Das Kind kletterte auf einen hohen Kaktus. «Dort reiten die Soldaten davon», jauchzte es. Dann küsste es den Kaktus und sagte: «Danke, lieber Kaktus, dass du mir als Aussichtsturm gedient hast.» Die Kaktusse schauten sich gegenseitig an. Wie wunderschön sie auf einmal waren! Jede einzelne Kaktusträne hatte sich in eine Blüte von aussergewöhnlicher Schönheit verwandelt. Tausende von Blüten funkelten wie Edelsteine – rot, golden, blau, violett, orange. Einige waren bereits zu Früchten geworden. Wie herrlich diese Früchte schmeckten! Der Vater, die Mutter, das Kind und der Esel assen nach Herzenslust. Die Kaktusse gaben bereitwillig, was sie besassen, und waren glücklich dabei. Ein einziger Kaktus – oder besser gesagt: eine Kaktussin – war noch blüten- und früchtelos. Es war der geküsste Kaktus. Ganz versunken in das Liebeserlebnis mit dem Kind stand er da und genoss immer noch den Kuss.

Dass er nicht blühte, schien ihm nichts auszumachen. Doch als die Nacht hereinbrach und der Mond mit seinem Silberlicht die Kaktussin berührte, da ereignete sich etwas Wunderschönes. An der Stelle, wo das Kind den Kaktus geküsst hatte, öffnete sich eine silberne Blume in Form einer Krone. Als die übrigen Kaktusse das sahen, verbeugten sie sich und sprachen ehrfürchtig: «Ein grosser König hat dich geküsst, du bist die Königin der Nacht.»

Am nächsten Tag öffneten die Kaktusse den Kreis. Die kleine Familie setzte die Reise nach Ägypten fort.

Seit diesem Ereignis tragen die Kaktusse Blüten und Früchte. Und jedes Jahr in einer Nacht trägt die Königin der Nacht ihre wunderschöne Krone.

# Die tägliche Corona-Apokalypse

## Bund vom 16. April 2020

Nur noch mithilfe der Nationalgarde kann Amerika mehr als 50 Millionen Bedürftige mit frischer Nahrung versorgen. Derweil landen Millionen Tonnen Agrarprodukte im Müll. Im Mittleren Westen schütten Bauern jeden Tag 1,3 Millionen Liter Milch in Jauchegruben und Abwässer. In Idaho pflügen Bauern eine Million Zwiebeln unter. In Florida und in Kalifornien, wo rund ums Jahr produziert wird, verrotten Salat, Gemüse und Früchte auf den Feldern. Die grossen Abnehmer – Restaurants, Hotels, Schulen und Grossverteiler – mussten schliessen. Während aber frische Nahrungsmittel zerstört werden, sind mehr und mehr Amerikaner auf eine Hungerhilfe angewiesen.

Viele Freiwillige, die vor der Coronapandemie beim Verteilen der Lebensmittelpakete geholfen haben, müssen zu Hause bleiben. Es fehlt an der Infrastruktur, um in Notzeiten Milch, Fleisch und Gemüse unter die Leute zu bringen.

## Weitere Schreckensmitteilungen

In Ecuador sind die Leichenbestatter und Krematorien derart überlastet, dass Menschen, die in überfüllten engen Wohnungen sterben, nicht mehr abtransportiert werden können. Menschen müssen ihre auch nicht an Corona gestorbenen Angehörigen auf die Strasse hinaustragen, wo sie zusammen mit dem Müll verbrannt werden.

In diesem Wahnsinn, der sich vor unseren Augen abspielt, erinnere ich mich an ein apokalyptisches Wort des deutsch-baltischen Schriftstellers Werner Bergengruen:

Ich hatte dies Land in mein Herz genommen,
ich habe ihm Boten um Boten gesandt.
In vielen Gestalten bin ich gekommen.
Ihr aber habt mich in keiner erkannt.

Ich klopfte bei Nacht, ein bleicher Hebräer,
ein Flüchtling, gejagt, mit zerrissenen Schuhn.
Ihr riefet dem Schergen, ihr winktet dem Späher
und meintet noch Gott einen Dienst zu tun.

Ich kam als zitternde, geistgeschwächte
Greisin mit stummem Angstgeschrei.
Ihr aber spracht vom Zukunftsgeschlechte
und nur meine Asche gabt ihr frei.

Verwaister Knabe auf östlichen Flächen,
ich fiel euch zu Füßen und flehte um Brot.
Ihr aber scheutet ein künftiges Rächen,
ihr zucktet die Achseln und gabt mir den Tod.

Ich kam, ein Gefangner, als Tagelöhner,
verschleppt und verkauft, von der Peitsche zerfetzt.
Ihr wandtet den Blick von dem struppigen Fröner.
Nun komm ich als Richter. Erkennt ihr mich jetzt?

Aber auch ein Wort des Philosophen Nietzsche bewegt mich:

*Die Krähen schrei'n*
*Und ziehen schwirren Flugs zur Stadt:*
*Bald wird es schnei'n –*
*Wohl dem, der jetzt noch – Heimat hat!*

*Nun stehst du starr,*
*Schaust rückwärts ach! wie lange schon!*
*Was bist du, Narr,*
*Vor Winters in die Welt – entflohn?*

*Die Welt – ein Tor*
*Zu tausend Wüsten stumm und kalt!*
*Wer Das verlor,*
*Was du verlorst, macht nirgends Halt.*

*Nun stehst du bleich,*
*Zur Winter-Wanderschaft verflucht,*
*Dem Rauche gleich,*
*Der stets nach kältern Himmeln sucht.*

*Flieg', Vogel, schnarr'*
*Dein Lied im Wüsten-Vogel-Ton! –*
*Versteck' du Narr,*
*Dein blutend Herz in Eis und Hohn!*

*Die Krähen schrei'n*
*Und ziehen schwirren Flugs zur Stadt:*
*Bald wird es schnei'n –*
*Weh dem, der keine Heimat hat!*

Einer unserer Ortspfarrer, Philippe Stalder, erzählt in der Coronazeit im Internet zu jedem Tag eine Geschichte des buddhistischen Mönchs Ajahn Brahm. Heute habe ich mich in eine Tiergeschichte hineingehört.

## Der Mann zwischen dem Tiger und der Riesenschlange

Ein Mann wird von einem hungrigen Tiger verfolgt. Der Mann glaubt sich bereits verloren, da erblickt er einen Brunnen. In seiner Not stürzt er sich hinein. Der Brunnen ist jedoch ausgetrocknet und auf dem Grund öffnet eine Riesenschlange, die ebenso hungrig ist wie der Tiger, ihren Rachen. Eine Baumwurzel fängt den Stürzenden auf. Die Schlange hat sich zu ihrer vollen Grösse aufgerichtet. Sie gelangt fast an die Füsse des Gestürzten, aber nicht ganz. Von oben versucht der Tiger den Unglücklichen mit seinen Pranken zu fassen, doch auch er erreicht ihn nicht ganz. Der Mann wähnt sich schon gerettet, doch da erblickt er zwei Mäuse, eine schwarze und eine weisse. Die schwarze Maus symbolisiert die Nacht, die weisse den Tag. Gemeinsam verkörpern die beiden Mäuse die Zeit. Der Unglückliche sieht, wie die Mäuse an der Wurzel nagen. Es ist also nur eine Frage der Zeit, bist das Unglück ihn erreicht. Neben dem Brunnen steht ein Baum mit Bienenwaben. Der hungrige Tiger in seiner Aufregung schlägt mit dem Schwanz gegen den Baum. Die Waben werden erschüttert. Aus ihnen tropft Honig zu dem Unglücklichen. Der Mann streckt die Zunge heraus und schleckt begierig den süssen Trost.

Für den Buddhisten Ajahn Brahm endet die Geschichte hier. Er erzählt kein Happy End. Das Leben ist oft ohne Happy End, aber nie ohne süssen Trost. Geniessen wir ihn, solange wir können. Das ist buddhistische Gelassenheit.

Philippe Stalder erzählt die Geschichte auf seine Weise weiter: Der Tiger strengt sich dermassen an, den Mann mit der Pranke zu erreichen, dass er in den Brunnen stürzt, dabei umkommt, aber durch seinen Sturz die Schlange erschlägt. Auch das gibt es im Leben.

Ich habe eine völlig andere Brunnengeschichte geschrieben. Und auch sie gibt es im Leben.

# Der Brunnen ist tief

Marcel Dietler

17. September 2018


*Die Seele ist ein tiefer Brunnen*
*Sie ist nicht Dusche oder Wasserhahn*
*den flugs ich öffne, heiss, kalt oder warm*
*und schon wird Wasser reichlich rinnen*


*In den Brunnen springe nicht hinein*
*Du könntest gar ertrinken*
*in Finsternis und Pein*
*Aus dem Brunnen sollst du bloss trinken*


*Lass dich im Dunkeln nieder auf dem Brunnenrand*
*bis ein Stern dir zeigt das Schöpfgefäss*
*Nimm sachte es in deine Hand*
*der tiefen Stille recht gemäss*


*Senk in die Tiefe das Gefäss*
*Dort, wo der Stern sich spiegelt*
*Und bis zum Überquellen fülle es*
*mit der Quelle köstlichem Gehalt*


*Dann trinke lang und tief*

*Fühle, wie dein Brunnen lebt*

*Ahne, dass da eine Stimme rief*

*So wird dein Brunnen zum Gebet*

«Der Brunnen ist tief», sagte die samaritanische Frau zu Jesus am Brunnen von Sychar, «du hast kein Gefäss, womit willst du schöpfen?» (Joh. 4,11)

# Exit

Ob wir wollen oder nicht, in der Coronakrise streckt uns der Tod den Warnfinger entgegen. Mich lässt er darüber nachdenken, wer von unseren Nachbarn nicht mehr unter uns ist, seit wir hier eingezogen sind. Als erste hat sich Katharina verabschiedet. Lange hat sie sich ans Leben geklammert wegen Luna, ihrem treuen Hund. Luna heisst auf Deutsch Mond. Wir Nachbarn haben beiden zu Katharinas neunzigstem Geburtstag *Der Mond ist aufgegangen* gesungen. In ihrer Leidenszeit hat Katharina oft mit mir über ihre Todessehnsüchte gesprochen, über ihr «Weitergehen», wie sie es fröhlich nannte. Ich musste ihr versprechen, ihr die Telefonnummer von Exit zu geben für den Fall, dass sie die Schmerzen nicht mehr aushalte. Die Telefonnummer habe ich ihr herausgesucht, ihr aber gesagt, anrufen müsse sie selber. Für mich ist Exit so etwas wie ein Kaiserschnitt in das neue Leben, ich will lieber natürlich abtreten.

Ob ich sie wenigstens begleiten und ihre Hand halten würde, wenn sie willentlich und wissentlich abtrete, fragte Katharina. Das versprach ich ihr. Das Versprechen dagegen, Luna zu übernehmen, gab ich ihr nicht. Es war mein Gebet, dass Katharina ohne Exit abtreten dürfe. Mein Gebet ist erhört worden. Ich habe der Sterbenden zwei Gedichte gewidmet. Das erste habe ich ihr noch selber vorlesen können; das zweite habe ich erst nach ihrem Tod geschrieben.

# Perle in der Muschel

Für Katharina Mohr, Opernsängerin mit zerbrechendem altem
Körper

*Stark war er*

*Schön war er*

*Mein junger Körper*

*Und meine Stimme schwang*

*und klang*

*Brausender Jubel*

*Jauchzender Trubel*

*Jetzt ist mein Leib eine alte Schal'*

*Ich leide Qual*

*Mich durchbohren tausend Dolche*

*In meinem Herzen schwarze Molche*

*Ich hebe meine Augen himmelan*

*Und schaue auf den Kreuzesmann*

*In seinem grossen Leide*

*Wir leiden beide*

*In seinem Kreuz die Auferstehung kam*

*In meinem Herzen wird es warm*

*Ich bin die Muschel tief im Schmerzensmeer*

*In meinem Innern wächst die echte Perle*

*Täglich mehr und mehr*

Es sind fast auf den Tag genau zwei Jahre, dass Katharina hat sterben dürfen.

## Katharinas Heimgang

Da lag sie, alt und krank und voller Schmerzen

Warum kann ich nicht sterben?

Protestierte sie voll Zorn

Doch dieser Zornesdorn

Verlieh dem schwachen Leben neuen Sporn

Ihre Seele war noch nicht gelassen

Und so konnte Katharina nicht loslassen


Führen, wohin du nicht willst

Las sie in Gottes Wort, da schmilzt

die Wut, und sie sagt Ja

Ich bin da

Wo ich nicht will

Jetzt bin ich still


Der Kampf war aus

Eine letzte Nacht im Krankenhaus

Der Morgen tagt

Der Engel naht

Katharinas Seele war gelassen

Den gepeinigten Körper durfte sie verlassen.

Katharinas Tod hatten wir alle erwartet und für sie auch gewünscht. Unerwartet dagegen war der Tod von Doris, ein Exit-Tod. Und sie wollte, dass alle wussten, dass sie selber den Tod gewählt hatte: *I did it my way*. Dass sie mit Exit gestorben war, vernahmen durch Gespräche und durch die Todesanzeige alle, doch wie sehr Doris zuvor gelitten hatte, war ihr Geheimnis geblieben. Man sah sie im hauseigenen Schwimmbad, beim Einkaufen, bei den Nachbarschaftsgesprächsrunden. Ich sah sie oft in der Kirche. Sie war stets freundlich, hilfsbereit, für andere Nachbarn besorgte sie Einkäufe. Im Nachhinein kommt mir vor, als ob sie beim freundlichen Lächeln die Zähne habe zusammenbeissen müssen, weil Schmerzen sie quälten, doch sie sagte immer fröhlich, es gehe ihr gut. Auch für ein Spässchen war sie zu haben. Als ich in den ersten Wochen nach unserem Einzug in die Alterssiedlung noch nicht alle Nachbarinnen und Nachbarn wiedererkannte, je nachdem, was sie gerade für Kleider oder Mäntel trugen, pflegte sie lachend zu sagen: «Ich bin diejenige im grünen Badeanzug.» Wir hatten uns im Schwimmbad kennengelernt.

## Adieu Doris

Deine Nachbarn


*Doris ist tot*


*So unerwartet*
*So plötzlich*
*Herzstillstand?*


*Auf der Todesanzeige ihre Botschaft:*
*Ich bin ein Gast auf Erden*
*I did it my way*


*Hat sie ...?*


*Ja, sie hat*


*Aber sie war doch gar nicht krank*
*Nur alt*
*Ich sah sie Auto fahren,*
*einkaufen*


*Ihr Rücken!*
*Beim Liegen weinen!*
*Beim Sitzen stöhnen!*

*Beim Aufsteh'n schreien!*

*In der Öffentlichkeit lächeln!*


*Schmerzen*

*Qualen*

*Tag und Nacht*


*Aber trotzdem*

*Musste das sein?*

*Sie war schliesslich …*


*Sie war was?*


*Sie war*

*Wie soll ich sagen?*

*Kirche*

*Christus*

*Solches Zeug halt eben*

*Und dann auf einmal: I did it myself*


*Nicht myself*

*I did it my way*


*Wo liegt da der Unterschied?*

*In dem, was du so Christuszeug nennst.*

*Er hat gesagt:*

*Kommet her zu mir alle,*

*die ihr mühselig und beladen seid,*

*ich will euch Ruhe geben*


*Sie hat diese Einladung angenommen*

*Auf ihre Weise*

*She did it her way*


*Doris, you did it your way*

*Wie wird es bei uns sein?*

*Auch wir sind*

*Gäste nur auf Erden*


*Adieu Doris*

*à Dieu*

*Deine Nachbarn*

## 17. April

Es gibt aber nicht nur den Exit, bei welchem wir begleitet aus dem Leben scheiden, es gibt auch den sehnsüchtig erwarteten Exit aus der Coronakrise, ebenfalls begleitet. Heute, am 17. April, wird der Bundesrat seine Strategie erklären. Er tagt schon seit vielen Stunden. Ich hätte da einige nicht allzu ernst gemeinte Vorschläge:

1. Mai: Wegen andauernder Trockenheit rät der Bundesrat von unnötigem Händewaschen ab.

15. Mai: Die auf Distanz umgebauten Geschäfte, Hotels und Restaurants öffnen ihre Tore. Kundinnen und Kunden sind verpflichtet, sich vor Betreten der Geschäfte und Restaurants die Temperatur messen zu lassen.

1. Juni: Die SBB nehmen ihre neuen Distanzzüge in Betrieb.

1. Juli: Grosseltern dürfen mit Mundschutz wieder geküsst werden.

Der 1. August wird auf den Bettag verschoben.

15. August, Maria Himmelfahrt: Wiedereröffnung des Flugverkehrs

16. August: Erstes 2-Meter-Distanz-Mundschutzfussballspiel

30. August: Das Schwingfest in Appenzell wird wie geplant durchgeführt. Die Schwinger messen ihre Kräfte in Astronautenanzügen.

20. September: eidgenössischer Dank-, Buss-, und Bettag: Als Dank für die vorbildliche Haltung der in der Schweiz wohnenden Menschen während der Coronakrise wird der Gesamtbundesrat allen, die sich zwischen 9 und 17 Uhr auf dem Bundesplatz einfinden, die Füsse waschen.

# Hände nicht schütteln

Zur Zeit von General Guisan gab es kein Coronavirus, aber Journalisten, die damals noch gar nicht lebten, teilen uns mit, dass die Coronakrise für die Schweiz die grösste Krise seit dem zweiten Weltkrieg sei. Henri Guisan war der geschätzte und geliebte General der Schweizer Armee. Ich bin froh, dass es in meinen ersten Lebensjahren kein Coronavirus gab, sonst hätte ich eines meiner grössten Kindheitserlebnisse nicht gehabt. Es war am Murtenschiessen 1946. Ich war neun Jahre alt und stand mit meiner Mutter und meinem Bruder Kurt an einem Strassenrand des Städtchens Murten, durch welches ein Umzug mit Schützen, Kadetten, Soldaten und Blumenmädchen zog. Unter den Schützen befand sich mein Vater. Meine Augen suchten jedoch im Umzug nicht in erster Linie nach ihm. Er hatte mir gesagt, dass auch General Guisan mitmarschieren werde. Für mich war der General ein Begriff. Ein Bild des hochverehrten Retters der Schweiz hing in jedem Gasthaus. Der General war französischer Muttersprache. Ich konnte in dieser Sprache bereits sagen: *«le boeuf – der Ochs, la vache – die Kuh, ferme la porte – die Türe zu!»* Und dann kam mein Held im Umzug feierlich dahergeschritten, umjubelt von den Menschen am Strassenrand. Mein Herz raste vor Freude. So laut, wie ich nur konnte, rief ich ihm zu: *«le boeuf – der Ochs, la vache – die Kuh, ferme la porte – die Türe zu!»* Und da geschah es: Der General verliess den Umzug. Er trat auf mich zu, nahm meine Hand, hielt sie fest und fragte auf Hochdeutsch: «Wie heisst du, mein Kind?» – «Ich heisse Marcel», antwortete ich wonniglich. «Marcel, das ist ein schöner Name», antwortete mein Held, «du sprichst wunderbar Französisch, fahr so weiter.» Noch einmal drückte er mir die Hand, nickte meiner Mutter und meinem Bruder zu und beeilte sich, seinen Platz im Umzug wieder einzunehmen. Meine Mutter hatte vor Rührung Tränen in den Augen.

Wäre damals die Coronakrise ausgebrochen gewesen, hätte mir mein Held nicht die Hand schütteln dürfen.

Hände schütteln ist ein wichtiger Akt.

In einer Woche beginnen die ersten Corona-Exit-Erleichterungen, doch von dem, was vor der Krise normal war, werden wir noch lange entfernt bleiben. So vieles, was wir damals selbstverständlich taten und hatten, erscheint uns in der Krise als Kostbarkeit. Ich sehne mich danach, meine Söhne, Schwiegertöchter, Enkelinnen und Freunde wieder umarmen zu können. Da, wo wir wohnen, gehören wir zu den Privilegierten. Unsere Haustüren und Küchenfenster öffnen sich auf eine Veranda. Wenn mein Neffe Martin mit Frau und Sohn und Tochter kommt und uns mit Lebensmitteln versorgt, öffnen wir das Küchenfenster. Der Abstand ist gewahrt, aber wir können einander sehen. Das physische Sehen ist ein ganz anderes Sehen als auf Skype. Man spürt sich viel intensiver; es ist schon fast ein klein bisschen eine Umarmung. Und wir können Apéro trinken. Zu einem Veranda-Küchenfenster-Apéro ist auch unser Sohn Peter schon gekommen, der junge Ortspfarrer mehrmals, und auch unser junger Kirchenmusiker-Freund. Bier trinken und beten geht dabei normal und selbstverständlich Hand in Hand.

Habe ich *Hand in Hand* geschrieben? – Oh, das geht in der Coronazeit nicht!

«Warum lachst du?», fragt meine Frau Vreni.

«Mir ist gerade Frau Asper in den Sinn gekommen.»

Jetzt muss auch Vreni lachen.

Frau Asper war ein mir vertrautes Gemeindeglied, eine fast hundertjährige Frau, bei der ich oft lachen musste. Sie lebte mit einer über siebzigjährigen Tochter zusammen. Wenn die sozial sehr aktive Tochter erst spät abends nach Hause kam, pflegte die Mutter zu sagen: «Meitschi, Meitschi, wo bist du so lange gewesen?»

Als Frau Asper im Sterben lag, riefen die Angehörigen mich an das Sterbebett. Es war Winter, draussen war es sehr kalt. Die Angehörigen entschuldigten sich: «Herr Pfarrer, wir hätten Sie früher rufen sollen. Jetzt ist es zu spät. Die Mutter atmet zwar noch, aber eigentlich ist sie nicht mehr da. Die Augen sind geschlossen, sie reagiert auf gar nichts mehr.» Ich trat an das Bett und griff sanft nach der Hand der Sterbenden. Frau Asper öffnete die Augen nicht, aber laut und deutlich sprach sie: «Ou Herr Pfarrer, heyt dihr chalti Häng.»

# Von Schlangen und anderen Tieren

Der erste Sonntag nach Ostern wird weisser Sonntag genannt. In der katholischen Kirche sind an diesem Sonntag die Erstkommunikanten weiss angezogen. In den weissen Kleidern der Kinder spiegelt sich eine alte Tradition: In der alten Kirche wurden die neuen Gläubigen im Ostergottesdienst getauft, und als Zeichen der Neuwerdung trugen sie weisse Kleider. Am achten Tag im Osterzyklus zogen sie ihre weissen Kleider aus. In der Kraft der Auferstehung traten sie mit der Botschaft des Friedens Gottes und der Liebe Christi in die ihnen damals feindlich gesinnte römische Welt. Im Verandagebet haben wir die Tradition der ausgezogenen weissen Kleider aufleben lassen. Wir haben einander mit weissen Tüchern von Stockwerk zu Stockwerk und von Veranda zu Veranda zugewinkt und dazu *dona nobis pacem* gesungen. Und es sind bereits zwei weitere Nachbarn aus ihren Wohnungen herausgetreten und haben mitgebetet.

Am Nachmittag gingen Vreni und ich wie jeden Tag im Wald spazieren. Als wir zurückkamen, hörten wir die Kirchenglocken läuten. Es war fünf Uhr. Wäre jetzt nicht Coronakrise, würde unser junger Pfarrer Sebastian Stalder seinen Feierabendgottesdienst halten. Also setzten wir uns vor den PC-Bildschirm, um seinen Gottesdienst in der geschlossenen Kirche virtuell mitzuerleben. Die Kirche zeigte sich als irisch-schottisches Pub, zwar als leeres Pub, aber mit Feierabend-Bier-Gedanken von Sebastian und irisch-schottischen Publiedern von seinem Freund David Zürcher. Diese Publieder haben durchaus eine Botschaft, und die Klänge sind oft geradezu melancholisch. Vreni und ich fühlten uns zurückversetzt in unsere Zeit im Vereinigten Königreich. Wir mussten lachen, als wir auf dem Bildschirm den jungen Pfarrer Zucker in den Kaffee rieseln lassen sahen. Ein Glas Guiness wäre echter gewesen. Doch die Idee hat uns gefallen. Verkündigung bei Wurst und Bier wäre eine gute Sache. Martin Luthers Frau Käthe war eine hervorragende Bierbrauerin. Die Reformation breitete sich zu einem nicht unwesentlichen Teil durch das Singen von Liedern auf den Märkten so schnell aus. Die Kirche der Zukunft wird sich wieder einiges einfallen lassen, um zu den Menschen zu gelangen. Es gab ja bereits vor der Coronakrise die von Markt zu Markt ziehende Wunderbar von Pfarrer Bernhard Jungen mit Bierausschank.

Nach dem virtuellen Bierlieder-Gottesdienst von Sebastian klickten wir uns in die geistlichen Erzählungen seines älteren Kollegen Philippe mit demselben Familiennamen Stalder. Ihn konnten wir nicht sehen, aber hören. Durch ihn bin ich auf den buddhistischen Mönch Ajahn Brahm gestossen, den ich mir seither auf Youtube angehört habe. Philippe trägt jeden Tag eine spirituelle Geschichte dieses Mönchs auf Berndeutsch vor. Heute ist es eine Schlangengeschichte. Ajahn Brahm lebte jahrelang in einem thailändischen Waldkloster. Heute ist er Bruder in einem Kloster in Australien. In den thailändischen Wäldern wimmelt es von Schlangen. 99 Prozent dieser Schlangen sind Giftschlangen; die nicht giftigen Schlangen sind die zehn Meter langen Würgeschlangen. Die Waldmönche haben sich vorgenommen, den Schlangen Gutes zu tun (Franz von Assisi lässt grüssen). Bislang ist noch keiner der Mönche an einem Schlangenbiss gestorben, aber sie haben noch und noch Erlebnisse mit Schlangen. Im markigen Berndeutsch von Philippe höre ich Ajahn Brahm Folgendes erzählen: Wir waren in unser meditatives Singen vertieft, als eine riesengrosse Ein-Meter-Kobra uns besuchte. Ein-Meter-Schlange wird sie genannt, weil man nach ihrem Biss gerade mal noch einen Meter gehen kann, bevor man tot umfällt. Zielbewusst glitt die Kobra auf den ältesten und gütigsten Mönch zu. Sie richtete sich vor ihm auf, direkt vor seinem Gesicht; den Rachen weit geöffnet, zischte sie ihn an. Wir Mönche wagten kaum zu atmen. Jede Bewegung hätte tödlich sein können. Mönch und Schlange blickten einander in die Augen. Ganz ruhig hob der Mönch seinen Arm; er legte seine Hand auf den Kopf der Schlange und begann sie zu kraulen. Die Schlange genoss die Liebkosungen; sie bewegte ihren Kopf wonnevoll hin und her. Nach einigen Minuten verliess sie uns genauso geheimnisvoll, wie sie gekommen war. Als der Mönch gefragt wurde, was er sich bei dieser Behandlung der Schlange gedacht habe, antwortete er: «Ich habe mir nichts Besonderes gedacht; es war einfach normal und selbstverständlich.»

Ich habe vor vier Jahren etwas Ähnliches mit Rehen erlebt. Ich stieg frühmorgens zum Gümligenberg hinauf. Dort, in der Ruhe von Wald und Wiese, versenkte ich mich in ein Klanggebet. Was ich Klanggebet nenne, ist ein Beten ohne Worte, nur mit Klängen, mit Obertönen. Und da tauchten vier Rehe auf. Sie kamen so nah zu mir, dass ich sie hätte berühren können. Sie hörten intensiv zu. Als ich aufhörte und den Abstieg unter die Füsse nahm, begleiteten sie mich. Bis zur Tramstation wichen sie nicht von meiner Seite. Was ich dabei empfand? Natürlich war ich glücklich, aber ich kann nur sagen, was der buddhistische Mönch sagte: «Es war normal.» Am nächsten Tag begab ich mich wiederum zu den Rehen. Doch diese stellten sich nicht ein. Stattdessen sass während meines Obertongebets auf einmal ein Jüngling auf der Bank am Waldrand. Ich wusste sofort, dass nur ich ihn sehen konnte; im Gegensatz zu den Rehen vom Tag zuvor, die jeder hätte sehen können. Ich setzte mich neben ihn. Er lächelte mich an und sagte: «Ich bin Pascal, du bist mein Grossvater.» – «Bist du das Kind meines Sohnes Thomas, das vor der Geburt gestorben ist?», fragte ich. «Ich bin dieses Kind», antwortete er. Ich war sehr bewegt. Das Gespräch fand ohne Worte statt; ich sang ja Oberton. Ich wusste, dass ich den Jüngling nicht mehr sehen würde, sobald zu beten aufhören würde. Also sang ich noch eine Zeitlang weiter. Wir waren beide sehr glücklich, er und ich.

Wer mehr über diese Begegnung wissen will, dem empfehle ich mein Buch *Ich freue mich auf meine Beerdigung – ich werde dabei sein.*

# Bier und Gebet, Blumen und Missgunst

Montag nach dem weissen Sonntag

Der Nachmittag hatte mit Bier und Gebet angefangen. Der junge Gemeindepfarrer und unser junger Kirchenmusiker-Freund waren zu Besuch gekommen. Nicht in der Wohnung – wir sassen im Hof auf einem Mäuerchen in gebührendem Abstand. Umarmen können wir die beiden wohl erst im Herbst wieder. Dass wir Alte von jungen Menschen besucht werden, die uns nicht verwandt sind, ist nicht selbstverständlich. Nach Bier und Gebet begaben Vreni und ich uns auf den täglichen Waldrundgang, den wir immer mit einem Gang zu den Gewächshäusern der Gärtnerei abschliessen. «Unsere» Waldbank war frei. Wir setzten uns und genossen die Aussicht und die Sonne. Nach einer halben Stunde tauchte eine liebenswürdige Seniorin auf. Freundlich grüssend wollte sie an uns vorbeigehen, doch ich hatte in ihren Augen einen Wunsch gelesen. «Wir sitzen hier bereits längere Zeit», sagte ich zu ihr, «und wir wollten gerade aufbrechen. Wollen Sie nicht unsere Bank übernehmen?» Die Altersgenossin war noch so froh, und so hatten wir schon wieder jemandem eine Freude bereitet. Durch Wald und Wiesen gelangten wir zu den Gewächshäusern. Die Gewächshäuser sind ein Geheimtipp. Während des strikten Corona-Lockdown kann man eigentlich nur Lebensmittel kaufen. Die Blumengeschäfte sind geschlossen, doch vor den Gewächshäusern steht ein Tisch mit Blumen und einem Kässeli. Anstatt die Blumen wegzuwerfen, können sie hier insgeheim zu Schleuderpreisen unter die Leute gebracht werden. Wir haben noch nie so viele Blumen gekauft wie gerade in der Coronakrise. Doch heute steht kein Tisch vor den Gewächshäusern, nur eine Notiz: «Wegen der Missgunst von Menschen können wir Ihnen keine Blumen anbieten.» Wir sind traurig. Was sind das für Menschen, die einen Gärtner, der seine Blumen fast verschenkt, rapportieren? Sind das missgünstige Blumenhändler, die es nicht ertragen, wenn ein Gärtner seine Verluste ein klein bisschen minimieren kann, und ihnen das selber nicht gelingt? Oder sind es verbitterte Menschen, die es nicht ertragen, wenn andern eine Freude bereitet wird? Oder sind es die konsequent Gesetzestreuen, die nicht davor zurückschrecken würden, andere Menschen sogar zu vernichten, wenn es das Gesetz befiehlt? Gesetz ist Gesetz. Und das kurz vor der stufenweisen Lockerung der strengen Massnahmen. In einer Woche dürfen sämtliche Blumengeschäfte wieder öffnen.

# Ein lustiger Briefwechsel

Liebe Stephanie,

Du weisst kaum, wer ich bin, und dennoch sage ich Du zu dir; denn einigen vom Sozialteam bin ich durchaus bekannt.

Danke für den Brief, den die Fachstelle für Altersfragen der politischen Gemeinde und die Kirchgemeinde Muri-Gümligen gemeinsam verschickt haben. Da machen sich Leute Gedanken, wie es uns Alten in der Coronakrise geht, und das ist doch menschlich und froh machend. Es war ein Brief, natürlich von jüngeren Menschen geschrieben, und dennoch geradezu väterlich und mütterlich, mit nützlichen Hinweisen, aber auch mit Vorschlägen, über die wir geschmunzelt haben. «Bleiben Sie zuhause», da haben wir natürlich unseren sympathischen Landesvater Alain Berset sprechen gehört. «Trinken Sie eine Tasse Tee», geradezu rührend: Nach zehn Jahren Tätigkeit in England lassen wir uns gerne in Erinnerung rufen, dass nichts über einen «nice cup of tea» geht; natürlich zuerst die Milch in die Tasse und erst dann den Tee – real English. Brot backen. Das mache ich regelmässig, auch ohne Corona. Ein gutes Buch lesen. Dazu habe ich im Augenblick keine Zeit, da ich selber gerade eines schreibe.

Mit frohem Gruss an das ganze Sozialteam

Marcel Dietler


*Guten Morgen Herr Dietler*

*Vielen Dank für Ihre Rückmeldung, die auch mich schmunzeln liess …*

*Ich weiss sehr wohl, wer Sie sind. Sie haben uns ein ausführliches Feedback zum Kirchensonntag geschrieben (ich bin jene Mitarbeiterin, die Flöte gespielt hat).*

*Es ist eine Freude, zu lesen und zu hören (wir rufen alle Bewohner-Innen ab 85 Jahren persönlich an), wie gut es beinahe allen jungen und älteren SeniorInnen geht und dass sie grösstenteils von Angehörigen und Menschen aus der Nachbarschaft, wenn notwendig, unterstützt werden.*

*Worüber schreiben Sie denn ein Buch? Ich würde mich sehr darüber freuen, eines Tages darüber resp. darin zu lesen.*

*Mit lieben Grüssen aus meinem Homeoffice in Burgdorf*

*Stéphanie Schafer*

# Ein trauriger Brief – Ramseyers wey ga grase und andere Gebete

Der traurige Brief ist ein englischer Brief.

Dearest Varawudh,

I don't know whether you can still read my mail. And I am afraid, I cannot sit by your bedside holding your hand handing over your life into the hands of those who, on the other side, are waiting for you. In the Corona crisis it is not possible to make physical contact with the deadly ill and the dying. And that is what you are: a beloved dying person. And you don't live in Switzerland, you are in hospital in your home country in Thailand. Whether I'm next door to you or thousands of miles away, it's the same. I can only be with you in my prayers. You are a Buddhist – although with some Christian influence through me. I am glad that you are not a rationalist European, you are a Thai, you know about the invisible links from heart to heart and from the visible world to the invisible world; things that many Europeans have sadly forgotten. For you, spirituality is reality. I am sure, you can feel that I'm with you right now. Do not cling to this life anymore. Your suffering is too great. From spirit to spirit I am whispering into your ears: let go; let yourself fall into what you may call the absolute, I call it God. Whatever people may call it, let yourself fall into the everlasting arms which are awaiting you. Adieu, my dear Varawudh – à Dieu.

Yours warmly

Marcel

Wer ist dieser Sterbende?

Varawudh war neun Jahre alt, als ich ihn kennenlernte. Sein Vater arbeitete auf der thailändischen Botschaft in Bern. Ich war ein siebzehnjähriger Gymnasiast, angehender Theologiestudent, übungshalber bereits Sonntagschullehrer. Damals gab es in der Schweiz kaum Menschen aus anderen Rassen. Wenn ich Varawudh mit seinen Geschwistern auf seinem Schulweg sah, blickte ich ihn mit wohlwollender Neugier an. Das muss er gespürt haben, denn eines Sonntags tauchte er in meiner Sonntagschule auf. Er war begeistert von den biblischen Geschichten. David und Goliath und die Geschichte von David und Jonathan hatten es ihm besonders angetan. Er kam jedoch nur selten in die Sonntagschule, denn seine Eltern fuhren fast jedes Wochenende mit ihren fünf Kindern irgendwo in eine interessante europäische Stadt: nach Strassburg, nach Rom, nach Paris. Doch Varawudh war sehr gewissenhaft. Er wusste, um wie viel Uhr ich am Montag nach der letzten Lateinstunde am Gymnasium zu Hause war. Er wartete bereits auf mich, um sich für seine Abwesenheit am Sonntag zu entschuldigen. Mit der Zeit tauchte er am Montag sogar auf, wenn er am Sonntag in die Sonntagschule hatte kommen können. Er ernannte mich sozusagen zu seinem älteren Jonathan; er selber war der kleine David. Jedenfalls wollte er die Geschichte der zwei Freunde immer wieder von mir hören. Wir waren beide sehr traurig, als sein Vater nach Thailand zurückgerufen wurde. Varawudh schrieb mir regelmässig, zuerst auf Deutsch, später auf Englisch. Wenige Monate nach der Übernahme seiner Regierungsgeschäfte in Thailand starb der Vater an einem Herzschlag. Die Mutter fragte mich, ob ich von der fernen Schweiz aus eine Art Vaterrolle für ihren Sohn übernehmen könne. Etwas früh für einen Neunzehnjährigen, doch ich sagte zu. Als ich mein Studium abgeschlossen und meine erste Stelle als Pfarrer an der Schweizer Kirche London übernommen und kurz darauf auch geheiratet hatte, fragte mich Varawudhs Mutter, ob ich im Einverständnis mit meiner Frau meine Vaterrolle aktivieren würde und Varawudh übernehmen könne. Vreni war einverstanden.

Und so wurde Varawudh unser erster Pflegesohn, kurz bevor unser erster eigener Sohn Thomas auf die Welt kam. Es war nicht immer einfach mit dem thailändischen Pflegesohn. Wir ahnten, was seine Mutter durchgemacht hatte. Als Schweizer Pfarrer in London war ich umgeben von vielen jungen, hübschen Schweizer Mädchen. Mit einer von ihnen zeugte unser Varawudh einen Sohn. Die Kontakte zu diesem Sohn und der alleinerziehenden Mutter sind nie abgebrochen. Nach seiner englischen Ausbildung kehrte Varawudh nach Thailand zurück. Wir blieben brieflich im Kontakt mit ihm. Gesehen haben Vreni und ich ihn allerdings erst wieder, als er vierzig Jahre alt war und wir ihn in Thailand besuchten. Zusammen mit seinen Schwestern hatte er in einem teuren Restaurant ein grosses Fest für seine Schweizer Pflegeeltern organisiert. Vor dem Essen wollte er ein Tischgebet sprechen; er könne nämlich immer noch christlich beten und das auf Berndeutsch, teilte er uns mit. Mit Spannung erwarteten wir das berndeutsche Tischgebet. Und dann begann der vierzigjährige Mann zu singen: *I ghöre nes Glöggli, das lütet so nätt. Der Tag isch vergange, jitz gah-n-y ids Bett. Im Bett tue-n-y bätte u schlafe de y; dr lieb Gott im Himmel wird wohl by mer sy.* Vreni und ich befanden uns in einem Zustand zwischen tiefer Rührung und kaum zu unterdrückendem Lachkrampf. Nun ergriffen auch die Schwestern das Wort. «Auch wir können immer noch berndeutsch und christlich beten», beteuerten sie. «Dürfen wir?» Sie falteten ehrfürchtig die Hände und begannen zu singen: «*Ramseyers wey ga grase dert hingerem Gümligebärg.*» Nun konnten wir das Lachen nicht mehr zurückhalten. Seither ist für uns klar: *Ramseyers wey ga grase* ist ein thailändisches Gebet. Varawudh hat uns seither mehrmals besucht. Auf dem Gümligenberg haben wir mit ihm nochmals das thailändische Gebet gesungen. Er kannte alle Strophen. Bei Spaziergängen durch Bern kamen ihm manche schweizerdeutschen Ausdrücke in den Sinn. Als er bei einem Herbstbesuch die Häuschen entdeckte, bei denen man heisse Marroni kaufen konnte, jauchzte er: «Aus diesen Früchten kann man *Würmli* machen!» Er erinnerte sich an die Vermicelles. Varawudh besuchte auch gerne seinen Schweizer Sohn und liess es sich nicht nehmen, mit dessen Kindern auf Deutsch zu beten, echte Gebete, an die er sich erinnerte.

Und jetzt liegt Varawudh im Sterben. Er kann weder Briefe lesen noch telefonieren, aber wenigstens darf in Thailand trotz Corona-Massnahmen seine Frau Eed an seinem Bett sitzen. Ich bin mit ihr und ihm über das Gebet und über kleine SMS-Botschaften verbunden. Sie flüstert ihm meine kleinen Botschaften ins Ohr. Wenn sie meinen Namen erwähnt, kommen aus seinen geschlossenen Augen Tränen. Sie hält seine rechte Hand und flüstert, dass Vreni und ich im Geist seine linke halten. Varawudh drückt leicht Eeds Hand; er hat verstanden. Varawudh und Eed sind Buddhisten. Wenn Varawudh gestorben ist, wird Eed kleine Häuser und Menschenpüppchen aus Papier kaufen und diese verbrennen. Das wird ihr Gebetswunsch sein, ihr Mann möge in seinem neuen Leben in Wohlstand leben und von liebenden Menschen umgeben sein. Mein Gebet wird sein, dass er ohne weitere Reinkarnationen zu dem grossen Ganzen zurückkehren darf, das Juden, Christen und Muslime Gott nennen.

Mit Varawudh verlieren wir bereits unseren zweiten Pflegesohn. Unser afrikanischer Pflegesohn Samuel ist als junger Mann bei einem Flugzeugabsturz ums Leben gekommen. Jetzt müssen wir uns auch von unserem thailändischen Sohn verabschieden, einem älteren Mann. Mach's gut, Varawudh, b'hüet di Gott.

## Andere Gebete

Erinnern Sie sich, liebe Leserinnen und Leser? Das Kapitel, das Sie gerade lesen, trägt den Titel *Ramseyers wey ga grase und andere Gebete.*

## Morgengebete

### Schöpferische Kraft

*Gott*

*Du Kraft, die das Universum schafft*

*Gott*

*Du Kraft in der Geschichte der Völker*

*Gott*

*Du Kraft der Liebe*

*Gott*

*Du hast in Jesus Christus Arme, um zu umarmen*

*Mich und die ganze Welt*

*Gott*

*Du Liebender*

*Lass mich heute erfahren, dass ich Teil Deiner Kraft bin.*

## Quelle des Lebens

*Quelle des Lebens – Gott*

*Dein Sprudeln hat mich geweckt*

*In mir kreist das Leben*

*Das Herz, das unermüdlich schlägt*

*Das Blut, das rauscht*

*Die Gedanken, die mich beflügeln*

*Oder beschweren*


*Um mich rauscht das Leben*

*Der Sonnenstrahl am Fenster*

*Der Gesang der Vögel*

*Das Brummen des Lastwagens*

*Der Kuss des liebsten Menschen*

*Der Duft des Kaffees*


*In der Stille sammle ich das Leben*

*Bin erfüllt von Gott*

*durchdrungen von der Liebe Christi*

*Mein Geist fliesst über*


*Ich bin bereit*

*Für den neuen Tag des Lebens*

# Ein Abendgebet

**Ob ich schlafe, ob ich wache**

*Menschenfreundlicher Gott,*

*Den Tag habe ich mit dir angefangen*

*Den Tag schliesse ich mit dir*

*Einiges ist so gekommen, wie ich es mir gewünscht habe*

*Es hat mich gefreut und mich beflügelt*

*Anderes hat mich geärgert oder traurig gemacht*

*Alles lege ich zurück in deine Hand*

*Stärke, was gut war*

*Verwandle, was ungut war*

*Wenn ich schlafe, schenke Kraft mir in der Ruhe*

*Wenn ich nicht schlafen kann,*

*lass mich fröhlich weiter beten*

*Ob ich schlafe oder wache*

*Du bist bei mir*

*Ich danke dir.*

## Tischgebete

### Wir setzen uns zum Essen

*Gott, wir setzen uns zum Essen*

*Lass zweierlei uns nicht vergessen*

*Dich, den Geber aller Gaben*

*Und die Hungrigen, die gar nichts haben*

*Wir wollen gerne teilen*

*Ungerechtigkeiten heilen*

*Gib uns Mut und Kraft*

*zu leben deine Vaterschaft*


### Viele Hände

*Der Tisch ist reich gedeckt*

*Wie das lockt und duftet*

*Viele Hände in dem lecker'n Mahle sind versteckt*

*Aus nah und fern Menschen haben g'schuftet*

*Vieler Hände Arbeit gestern und in der Küche heute*

*Unser Dank steige auf wie ein Geläute*

*Herr, segne alle diese Leute*

# Unter den Schleier geblickt

Im Februar wusste noch niemand, dass wir im März einen Lockdown erleben würden. Experten berichteten, Corona verhalte sich ähnlich wie die Grippe: Mit der Wärme des Frühlings werde das Virus verschwinden. Vreni und ich freuten uns nach wie vor auf die Reise in die holländischen Tulpenfelder anfangs April. In den ersten Märztagen jedoch war bereits klar: Die Tulpenreise würde nicht stattfinden. Für den 26. April hatten Pfarrerin Ruth Werthmüller in Köniz/Liebefeld und ich einen gemeinsamen Gottesdienst geplant. Auf einmal schien das Thema nicht mehr zu passen. Man würde sich Ende April an die eben erst überstandene Coronakrise erinnern; auch würden noch viele Trauerfeiern anstehen. Ruth und ich beschlossen, dass sie an dem betreffenden Sonntag allein predigen und Trauer und Schmerz, aber auch Dankbarkeit für die Beendigung der Krise in die Predigt aufnehmen würde. Dass weltweit nicht einmal die Ostergottesdienste stattfinden würden, hätten wir uns nicht einmal in den kühnsten Albträumen vorstellen können. Heute spricht man bereits davon, dass Gottesdienste erst im Juni wieder besucht werden können – und nur solche von nicht-kirchenfüllenden Pfarrerinnen und Pfarrern. Am 21. April erfuhren wir, dass das Münchner Oktoberfest nicht abgehalten werden könne. Im Mai bin ich in Biel als Redner an einem grossen Jubiläumsgottesdienst vorgesehen. «Ich habe eine gute und eine schlechte Nachricht für dich», hat man mir soeben telefonisch mitgeteilt, «welche möchtest du zuerst hören?» Ich wählte als erstes die schlechte Nachricht: «Es wird niemand in den Gottesdienst kommen.» Die gute Nachricht lautete: «Du wirst digital predigen.»

Am 27. April beginnt in der Schweiz die Rückkehr in die «Normalität». Österreich und Deutschland öffnen sich schon einige Tage früher. Doch die Normalität wird eine neue Normalität sein. In Österreich und Deutschland werden Schutzmasken getragen. Bei uns steigt der Druck auf den Bundesrat, ebenfalls die

Schutzmaskenpflicht einzuführen. Zurzeit sind gar nicht genügend Schutzmasken vorhanden. Und wenn wir dann einmal alle mit Schutzmasken einkaufen, geschützt zum Coiffeur und zum Zahnarzt und in die Therapie gehen, was wird wohl mit den Schutzmaskenabfällen geschehen? Vreni und ich haben gesehen, wie es ist, wenn die einzigartigen Galapagosinseln von Plastikabfällen umflutet werden und der Wind in einsamen Wüsten Plastikfetzen herumwirbelt.

Zur neuen Normalität wird auch gehören, dass Herr und Frau Schweizer die Sommerferien in der Schweiz verbringen werden. Da die Hotels nicht von ausländischen Touristen überfüllt sein werden, werden wir problemlos mit genügendem Abstand essen und trinken können. Bei jeder Gabel, die wir zum Mund führen, werden wir die Schutzmaske kurz hochschieben. Das dürfte nicht allzu schwierig sein; denn wie das geht, konnten wir bei saudiarabischen Frauen beobachten.

Werden verschleierte Frauen und Männer die neue Normalität sein? Einmal mehr weckt die Coronakrise Erinnerungen. Wie beim Händeschütteln die Erinnerung an den General erwachte, so taucht bei den Gesichtsmasken die Erinnerung an mein unfreiwilliges Eindringen in den Lustgarten einer arabischen Schönheit auf.

Es war der Wunsch unserer Enkelin Taina gewesen, im Zusammenhang mit ihrem zwanzigsten Geburtstag sich und ihre jüngere Schwester Leia von den Grosseltern an den Blausee einladen zu lassen. Der Blausee im Berner Oberland ist ein mystischer Ort. Mitten im Wald, umgeben von moosbewachsenen Felsen, wird der Besucher von dem azurblauen Auge der Bergwelt tiefgründig angeblickt. Auf dem See gleitet ein Boot mit staunenden Geistern vorbei. Diese tiefverhüllten Geister-Frauen aus Saudiarabien können kaum glauben, was sie aus ihren schmalen Schleierschlitzen sehen: das Grün der Wälder, das Blau des Wassers, das so durchsichtig ist, dass selbst die auf dem Grund liegenden Baumstämme deutlich erkennbar sind.

Nach einem herrlichen Blausee-Mittagessen begaben sich Grossmutter und Enkelinnen zu den Lamas oberhalb des Sees, der Grossvater legte sich im Schatten eines Chalets in einen Liegestuhl und erfreute sich am Rauschen der Kander, die in unmittelbarer Nähe vorbeibraust. Es war heiss, sehr heiss; zu heiss vielleicht sogar für die Saudiaraberinnen, welche angezogen vom Tosen des Flusses herbeieilten. Bereits zum zweiten Male sahen und erlebten sie etwas, was ihnen als absolutes Wunder vorkommen musste. Sie, die nur Sand und von Menschen gebaute Hochhäuser kannten, waren über einen tiefblauen See gefahren; jetzt standen sie an einem tosenden Fluss! Ihr Entzücken war grenzenlos. Sie schrien und jauchzten! Auch wir Schweizerinnen und Schweizer lieben einen blauen See und rauschende Bäche und Flüsse, aber wir lieben sie so, wie man eben Alltägliches liebt. Wir können uns die Begeisterung der Frauen kaum vorstellen. Da war Wasser, das kam und kam und kam und lärmte und toste. Für eine der Tiefverschleierten löste das einen schlechthin nicht mehr auszuhaltenden Gefühlssturm aus. Es war heiss, selbst für die an Hitze Gewöhnte zu heiss – und jetzt dieses Erlebnis! Überwältigt rannte sie an einen Ort, wo es Schatten gab und – wie sie annahm – kein Mensch war. Ich war für sie unsichtbar. Sie riss vor Hitze und Begeisterung den Gespenstermantel weit auf. Zum ersten Mal – und wohl auch zum letzten Mal in meinem Leben – durfte ich unter einen Burkaschleier blicken. Vor mir stand eine wohlgeformte Frau. Sie stand da mit Sonnenbrille, in Büstenhalter und Höschen!

Ich habe es persönlich erlebt und teile es gerne auch andern mit: Diese schwarzen Gespenster sind tatsächlich Menschen wie du und ich. Und nicht nur das: Ich habe auch den blauen Waldsee und das Tosen des Wassers auf einmal ganz anders erlebt. Ich habe es mit den Gefühlen dieser Frau erlebt. Ich habe See und Fluss als Wunder erlebt.

Als die unverschleierte, entblösste Burkafrau mich entdeckte, schloss sie blitzschnell den Gespenstermantel samt Gesichtsschleier. Ihr Mann, immer noch am rauschenden Fluss, brachte weder sie noch mich um. Er stand an der Kander und hielt sich den Bauch vor Lachen; er lachte so laut, dass man sein Gelächter trotz des tosenden Wassers bis zu mir und seiner nun wieder verschleierten Gattin hörte. Die Frau war nun wieder wie zuvor ein schwarzes Gespenst, das sich von mir entfernte und auf ihren Mann zuging. Aus ihren Schüttelbewegungen schloss ich, dass auch sie nach dem ersten Schreck unbändig lachte.

# Heureka

Heureka ist griechisch und heisst: Ich hab's gefunden. Heureka wird derjenige rufen, welcher einen Impfstoff gegen Corona findet und diesen in genügender Menge produzieren kann, damit alle Erdenbürger geimpft werden können und somit das Coronavirus aussterben wird. «Hoffentlich wird es ein Schweizer sein», denken wir unwillkürlich und merken dabei, dass sich unser marktwirtschaftliches Denken trotz des erhofften Neudenkens in der Coronakrise noch nicht stark verändert hat.

Heureka hat Andry Rajoelina, der Präsident von Madagaskar gerufen. Offenbar hat er die durch Corona bedingte Ausgangssperre aufgehoben. Jedenfalls lese ich das in einer Mail von Stefan, den ich letztes Jahr mit seiner charmanten Partnerin Rebekka habe trauen dürfen. Andry Rajoelina hat **DAS** Heilmittel gegen Corona gefunden. Es basiert auf der Heilpflanze Artemisia. Stefan hat über diese Pflanze recherchiert und Erstaunliches gefunden: Im Jahr 2015 bekam die chinesische Wissenschaftlerin Youyou Tu den Nobelpreis für Medizin für die bemerkenswerten Erfolge in der Behandlung von Malaria aufgrund der Wirkung von Artemisia.

Stefan schreibt: «... dann kann ich mir gut vorstellen, dass mit dem Kraut auch COVID-19 wirksam bekämpft werden kann. Und dies höchstwahrscheinlich effektiver und mit weniger Nebenwirkungen als die Superimpfung der Pharma, auf die wir im Westen geduldig warten und die den Pharma-Riesen wieder mal ein paar Milliarden einbringen wird.»

*Lieber Stefan,*

*Vielleicht ist Artemisia tatsächlich auch gut gegen Corona. Im Augenblick wissen wir das nicht. Wollen wir nicht warten und schauen, was die Wissenschaft dazu sagen wird? Die Wissenschaft kann, darf und soll nicht in jedem Bereich etwas zu sagen haben, auch wenn sie* sich manchmal so gebärdet. Die Wissenschaft kann zum Beispiel nicht beweisen, dass es ein Übel ist, Frauen oder Männer sexuell zu vergewaltigen. Sie kann nicht sagen, dass Demokratie besser ist als Diktatur und Liebe besser als Hass. Die Wissenschaft weiss rein gar nichts über Gott oder über den Sinn des Lebens. Das ist die Aufgabe der Religionen und der Philosophie. Aber ob ein Kraut wirksam ist gegen COVID-19, das gehört nun tatsächlich in den Bereich der Wissenschaft. So wie Du über Artemisia recherchiert hast, so habe ich über Andry Rajoelina recherchiert und Folgendes gefunden: Leere Mägen und falsche Versprechungen. Oppositionsführer Andry Rajoelina hat Präsident Marc Ravalomanana mit Hilfe der Armee aus dem Amt gejagt. Das Land wird von einer Katastrophe nach der andern getroffen. Die Menschen sterben nach wie vor zu tausenden an Hunger und Malaria und jetzt droht noch Corona.

# Jüdische Weisheit zur Beendigung des Lockdown und zur Rückkehr in eine neue Normalität

Der Talmud, das Herzstück jüdischen Glaubens und Humors, ist das alte jüdische Auslegungsbuch der hebräischen Bibel.

Der aus Basel stammende Emanuel Cohn, Dozent für Film und Judentum, Schauspieler und Drehbuchautor in Jerusalem, weist für das Verlassen des Corona-Lockdown auf eine talmudische Höhlengeschichte. Rabbi Schimon und sein Sohn Elasar fliehen bei der Zerstörung des Tempels und Jerusalems und den Verfolgungen der Juden in eine Höhle. Anders als unsere sechswöchige Corona-Quarantäne dauert ihr Höhlenaufenthalt ganze zwölf Jahre. Sie haben nichts anderes zu tun als die Thora zu studieren. Nach zwölf Jahren Studium der heiligen Texte ist ihre Energie wunderwirkend. Nach der fast nicht enden wollenden Quarantäne steht endlich ein Prophet vor der Höhle und verkündet, dass der frühere Kaiser tot ist und der neue Kaiser die Judengesetze geändert hat. Schimon und Elasar kehren in ein Leben zurück, das ihnen nach der langen Höhlenzeit furchtbar vorkommt. Die Menschen säen und ernten, als ob es eine spirituelle Wirklichkeit überhaupt nicht gäbe. Die Menschen sind völlig auf das Materielle ausgerichtet. Die Energie von Schimon und Elasar ist so stark, dass alles, worauf sich ihr zorniges Auge richtet, augenblicklich zerstört wird. Da ruft eine Stimme aus dem Himmel: «Zurück in die Höhle, ihr habt aus der Thora das Falsche gelernt.» Vater und Sohn müssen noch einmal ganze zwölf Monate in der Höhle die Thora neu durchdenken und durchbeten.

Nach zwölf Monaten dürfen Vater und Sohn die Höhle wieder verlassen. Sie sehen am Vorabend des Sabbat einen Greis in der Dämmerung mit zwei Myrthensträussen laufen. «Wozu brauchst du diese Sträusse?», fragen sie. Die Antwort lautet: «Zu Ehren des

Sabbat.» Der Schimon nach dem ersten Lockdown würde die Handlung als lächerliche Tätigkeit in unserer physischen Welt abgetan haben. Das Sabbat-Gebot bedeutet Ruhen und nichts anderes. Die Myrthensträusse werden zwar verwelken, aber auf einmal bekommen das Unscheinbare und vergängliche Bemühungen einen grossen Wert.

Emanuel Cohn sagt: Der Lockdown ist eine grosse Chance, in uns zu gehen und uns von gesellschaftlichen Zeitverschwendungen zu lösen. Schimon hat dreizehn Jahre lang ohne Pedicure, ohne Coiffeur und ohne Partys und Sportveranstaltungen leben können. Nach dreizehn Jahren Höhle ist Schimon aber ins Bad gegangen. In den Jahren des In-sich-Gehens hat er Pläne für bessere Bäder entwickelt, eine neue Münze eingeführt und der Welt brauchbare Ideen für den Strassenbau vorgelegt.

Ich bin froh, dass ich während des Corona-Lockdown im Internet auf Emanuel Cohn, diesen Basler Israeli, gestossen bin. Sein Hinweis auf diese Talmudgeschichte ist jüdische Weisheit für die Zeit der Rückkehr in die Normalität, hoffentlich in eine Normalität der Ruhe und der Neubesinnung.

# Die neue Normalität

Mein Corona-Senioren-Krimi hat mit dem Lockdown angefangen – mit Monsieur Bonnenouvelle und seinen Brüdern – und er schliesst mit dem 27. April, dem ersten Exit-Tag, mit der Rückkehr in die Normalität, in eine neue, andere Normalität. Etwas, das uns sechs Wochen lang geprägt hat, wird uns in der neuen Normalität weiterhin prägen. Seit sechs Wochen verhalten wir uns alle sehr bibeltreu.

*Da wir nicht schauen auf das Sichtbare, sondern auf das Unsichtbare. (2. Kor. 4,18)*

Haben Sie schon einmal ein Coronavirus gesehen? Ich jedenfalls nicht. Ich weiss zwar, wie es aussieht. Bilder von diesem Virus sehe ich jeden Tag mehrmals. Ich könnte es sogar zeichnen. Aber das sind nur Bilder, gesehen habe ich das Virus nie. Für die meisten bleibt es unsichtbar. Aber ausnahmslos *alle starren wir auf das Unsichtbare.* Wenn wir einander nicht die Hand geben, ist es, weil wir auf das Unsichtbare starren. Wenn wir auf zwei Meter Abstand gehen, starren wir auf das Unsichtbare. Wenn wir die Hände intensiv waschen, starren wir. Wenn wir die Zeitung aufschlagen, wollen wir wissen, was darin über das Unsichtbare steht. Wenn wir zu bestimmten Zeiten den Fernseher einschalten, dann nur, weil uns das Unsichtbare beschäftigt. *Wir sind erstarrt.*

Wer gemeint hat, mein Seniorenkrimi sei ein Krimi ohne Tote, merkt jetzt, dass es ein Krimi ist mit tausenden von Toten. Das unsichtbare Coronavirus hat die Welt völlig auf den Kopf gestellt. Und es wird auch in der neuen Normalität weiterhin Tote geben.

Es gibt allerdings Unsichtbares *und* Unsichtbares. Genau das sagt Paulus:

*Da wir nicht schauen auf das Sichtbare, sondern auf das Un-*
*sichtbare. Denn das Sichtbare ist zeitlich, das Unsichtbare aber*
*ist ewig.*

Das Starren auf das Unsichtbare könnte zum Segen werden, wenn
wir die Blickrichtung ändern würden. Es gibt im Alten Testament
eine wunderbare Geschichte mit dem Propheten Elisa: Eines
Tages erwacht die Bevölkerung der nordisraelitischen Stadt Sama-
ria und sieht sich von einem übermächtigen feindlichen Heer
umzingelt. Die Bevölkerung ist entsetzt. Da betet Elisa: «O Herr,
öffne ihnen die Augen.» (2. Kön. 8,16) Da gehen ihnen die Augen auf und sie sehen, dass die Feinde ihrerseits umzingelt sind
von einem Heer von Engeln. Die Feinde sind wie erstarrt; blind-
lings wandern sie in die Stadt Samarien hinein und strecken ihre
Waffen. Und dann dürfen alle wieder das Sichtbare schauen. Die
Israeliten fragen: «Sollen wir diese Feinde erschlagen?» Und Elisa
sagt: «Nein, dass sie als Erstarrte schutzlos in unserer Stadt stehen,
ist das Werk Gottes. Gebt ihnen zu essen und zu trinken.» Die
Israeliten tun das, und aus Feinden werden Freunde.

Sonntag für Sonntag singen wir auf der Veranda:

*Von guten Mächten wunderbar geborgen*
*erwarten wir getrost, was kommen mag.*
*Gott ist mit uns am Abend und am Morgen*
*Und ganz gewiss an jedem neuen Tag.*

Mit diesem Lied beten wir, dass uns die Augen aufgehen, damit
wir aufhören, voller Angst auf das unsichtbare Coronavirus zu
starren, sondern unser Augenmerk vertrauensvoll auf die guten
unsichtbaren Mächte richten, die uns und das Virus umgeben.
Von guten Mächten wunderbar geborgen zu sein möge unsere
Normalität bleiben.

# Gespräch mit dem Schöpfer des Universums

Auf den ersten Seiten meines Buchs war von einem Gespräch zu lesen, das ich mit meinem himmlischen Vater führte. Ein ähnliches Gespräch soll nun das Buch abschliessen.

*Gott*

*habe ich gefragt*

*Hast du alles geschaffen*

*was es gibt?*

*Selbstverständlich, Kind.*

*Die Blumen?*

*Die Blumen habe ich geschaffen*

*damit ihr euch an ihren Farben und Düften erfreut*

*Die Giraffen?*

*Sie habe ich mit besonderem Vergnügen ins Leben gerufen*

*Ihre langen Hälse sind genial*

*Das habe ich gut gemacht.*

*Die lästigen Fliegen und Stechmücken*

*sind aber nicht gerade dein Meisterwerk*

*Täusche dich nicht, Kind*

*Sie sind Futter für die Vögel*

181

*Was ist mit dem Coronavirus?*

*Auch das Coronavirus ist das Werk meiner Hände.*

*Warum etwas derart Schreckliches?*

*Hast du schon einmal etwas von Gericht gehört, Sohn?*

*Ja, das habe ich*
*Doch entschuldige, dass ich mich erkühne*
*Hast du da nicht ein bisschen überreagiert?*

*Gott seufzte*
*Hast du eine bessere Idee*
*wie man Präsident Trump zur Vernunft bringen könnte?*

*Aber dann hättest du wenigstens ein Virus erfinden können,*
*das vor allem die reichen Länder trifft*
*nicht die Ärmsten der Armen*
*die schon an Ebola und Hunger genug Elend haben*
*Und auf den alten Trick mit der Heuschreckenplage*
*hättest du auch verzichten können*

*Gott seufzte noch einmal*
*Aber wenigstens habt ihr*
*in der weltweiten Coronaepidemie*

*begriffen*

*dass ihr alle – arm und reich –*

*in demselben Boot sitzt*

*Ja, das haben wir auf der ganzen Welt begriffen*

*Zum ersten Mal in der Geschichte der Menschheit*

*Mit aller Entschiedenheit kämpfen wir*

*auf dem ganzen Schiff*

*gegen dieses Virus*

*Nun hatte Gott sogar Tränen in den Augen*

*Mit derselben Entschiedenheit solltet ihr*

*gegen das Leck kämpfen*

*Gegen das Leck?*

*Was denn für ein Leck?*

*Das Schiff, auf dem ihr alle seid*

*hat ein Leck*

*Es wird untergehen*

*Wenn ihr nicht*

*mit derselben Entschlossenheit*

*und mit derselben wirtschaftlichen Opferbereitschaft*

*das Klimaleck behebt*

## Sonntag, 26. April

Auch heute haben wir unser Verandagebet abgehalten. Einige Pflegerinnen aus dem Spital mit Mundschutz, welche Patientinnen und Patienten, ebenfalls mit Mundschutz, im Rollstuhl an die frische Luft brachten, haben zugehört. Und wir sind zweimal fotografiert worden. Das eine Mal von einem Bruder, der auch ein Freund ist und mitgebetet hat, das andere Mal insgeheim aus einem verschlossenen Küchenfenster, aber mit Blitz, sodass ich es sehen konnte, von einem Bruder, der kein Freund ist, wahrscheinlich mit Meldung an die Verwaltung; denn mit dem Vaterunser und dem Bonhoeffer-Lied verstossen wir gegen das Reglement, das Lärm verbietet. Damit sind wir wieder bei der Geschichte von Monsieur Bonnenouvelle und seinen Brüdern, die den Anfang machte, und der Kreis schliesst sich. Wir werden mit unseren Verandagebeten weiterfahren, bis es in den Kirchen wieder öffentlich zugängliche Gottesdienste mit gebührenden Sitzabständen gibt. Ich nehme an, dass das erst nach Pfingsten der Fall sein wird. Morgen beginnt eine erste sanfte Lockerung des Lockdown und mit ihm die noch ungewohnte neue Normalität. Gott gebe, dass wir in dieser grossen Krise einiges gelernt haben, damit wir mit der noch viel grösseren Krise – der Klimakrise – genauso entschieden umgehen können.